Trinken lernt der Mensch zuerst

Trinken lernt
der Mensch zuerst

Deutscher Taschenbuch Verlag

Artemis & Winkler

Konzeption und Gestaltung:
Artemis Verlags GmbH, München
Textauswahl: Caroline Pross

Originalausgabe
Oktober 1994
Deutscher Taschenbuch Verlag GmbH & Co. KG, München
© 1994 Artemis Verlags GmbH, München
und Deutscher Taschenbuch Verlag, München
Grafik / Layout: Ise Billig / Michaela Daigl
Umschlagbild:
Albert Anker: Stilleben, Weinflasche und Nüsse, 1875
Lithos: Kösel, Kempten
Druck und Bindung: Kösel, Kempten
Printed in Germany
ISBN: 3-423-08204-6

Ob ich morgen leben werde,
weiß ich freilich nicht.
Aber wenn ich morgen lebe,
daß ich morgen trinken werde,
weiß ich ganz genau.

GOTTHOLD EPHRAIM LESSING

Ode an den Wein

PABLO NERUDA

Tagheller Wein,
nachtdunkler Wein,
Wein mit Purpurfingern
oder Blut von Topas,
Wein, du
der Erde
gestirnter Sohn,
Wein
wie ein Goldschwert glatt,
mild
wie aufgerauhter Sammet,

schneckenhaft gewunden
und aufgelöst,
liebeatmender,
meerischer Wein,
nie hattest du Raum in einem Glase genug,
in einem Lied, in einem Menschen,
Koralle, vermählend wirkst du,
zumindest das Paar.
Manchmal
nährst du dich von sterblichen
Erinnerungen,
in deinem Gewog
gehen wir von Grab zu Grab,
Steinmetz eisiger Grüfte,
und wir weinen
vergängliche Tränen,
doch
dein wunderschönes

Frühlingsgewand
ist von anderer Art,
aufschwingt sich das Herz ins Gezweig,
der Wind bewegt den Tag,
und nichts bleibt
im Innern deiner unbeweglichen Seele.
Der Wein
bringt den Frühling in Wallung,
gleich einer Pflanze aufwächst die Freude,
Mauern stürzen,
mächtige Felsen,
die Abgründe schließen sich,
und es erblüht das Lied.
Oh, Weinkrug, du mit der Herrlichen,
die ich liebe, in weltverlorener Einsamkeit,
sagt der betagte Dichter.
Möge zum Gewicht der Liebe
Seinen Kuß der Weinkrug fügen.

Geliebte du, auf einmal
ist deine Hüfte
des Glases
vollendete Rundung,
deine Brust die Traubendolde,
des Alkohols Schimmer deine Haarflut,
deine Brustspitzen Traubenkugeln,
dein Nabel makelloses Siegel,
geprägt auf das Gefäß deines Leibes,
und deine Liebe die Kaskade
unerschöpflichen Weines,
die Helle, die in meine Seele dringt,
des Lebens irdischer Glanz.

Aber nicht Liebe nur,
glühender Kuß
oder verbranntes Herz
bist du, Wein des Lebens,

9

sondern
Freundschaft auch der Menschenwesen,
Transparenz,
Chorgesang der Gesittung,
von Blüten ein Überschwang.

Ich liebe beim Gespräch
auf dem Tisch
das Licht einer Flasche
verständigen Weines.
Man trinke ihn
und gedenke bei jedem
Tropfen Gold
oder topasenen Kelch
oder purpurnen Maß,
daß der Herbst es gewirkt,
bis angefüllt die Gefäße mit Wein,
und es lerne der dumpfe Mensch

bei der Verrichtung jeglichen Tuns
sich der Erd zu erinnern und seiner Verpflichtung:
zu verkünden der Früchte Lobgesang.

Wie Gargantua zu seinem Namen kam, und wie er Wein trank

FRANÇOIS RABELAIS

Dieweil der wackere Grandgousier noch mit den andern zechte und sich des Lebens freute, hörte er den grausigen Schrei, den sein Sohn beim Eintritt ins Licht dieser Welt ausstieß, als er mit Gebrüll »zu trinken! zu trinken! zu trinken!« verlangte. Da sprach er: »Gar grantig tut's da!« (nämlich das Kind vor Durst). Die Gäste, die ihn umstanden, hörten das und sagten, er müsse um deswillen wahrlich den Namen Gargantua bekommen, weil doch dies seines Vaters erste Worte bei seiner Geburt gewesen waren, nach dem Muster und Vorbild der alten Hebräer. Dazu verstand er sich gerne, und auch der Mutter gefiel's wohl. Und um den Kleinen zu beschwichtigen, gab man ihm zu trinken, Herz, was begehrst du. Dann ward er nach altem gutem Christenbrauch zum Taufbecken getragen und getauft.

Und es wurden ihm siebzehntausendneunhundertunddreizehn Kühe aus Pautille und Bréhémont verschrieben, die sollten es für gewöhnlich mit Milch versorgen; denn im ganzen Lande war es unmöglich, eine taugliche Amme aufzutreiben, in Anbetracht der gewaltigen Menge Milch, die erforderlich war, um das Kind zu ernähren, wenngleich etliche skotistische Doktoren behaupten, seine Mutter habe es selbst gestillt und sie habe jedesmal vierzehnhundertzwei Pipen und achtzehn Pinten Milch aus ihren Brüsten melken können. Doch ist das nicht recht glaubhaft, und es wurde denn auch diese Meinung für mammaliter anstößig und frommen Ohren ärgerlich sowie bedenklich nach Ketzerei riechend erklärt.

So wurde er gehalten, bis er ein Jahr und zehn Monate alt war. Um diese Zeit fing man auf Rat der Ärzte an, ihn umherzutragen, und es ward nach Jehan Denyaus Erfindung ein schönes Ochsenwägelchen gebaut. In dem führte man ihn fröhlich spazieren, bald dahin, bald dorthin. Und es war eine Augenweide, ihn anzuschauen; denn er hatte ein pausbackiges Vollmondgesichtlein und an die achtzehn Kinne. Auch schrie er nur selten, bekackte sich aber in einem fort, denn sein Hintern war erstaunlich phlegmatisch, lasch und lahm, sowohl infolge seiner natürlichen Anlage als auch durch zufälliges Befinden, das ihm vom allzu häufigen Zuspruch gekommen war, dessen sich seinerseits der frisch gekelterte Weinmost erfreute. Und er schlürfte von dem keinen Trop-

14

fen ohne guten Grund, denn traf sich's, daß er ärgerlich, erbost, zornig oder trübsinnig war, wenn er strampelte, plärrte oder schrie, und man brachte ihm zu trinken, so beruhigte er sich alsogleich wieder und war seelenvergnügt und guter Dinge.

Eine seiner Wärterinnen hat mir erzählt und hoch und heilig beschworen, das sei ihm dermaßen in Fleisch und Blut übergegangen, daß er beim bloßen Klang der Pinten und Flaschen in Verzückung geriet, gleich als genösse er Paradieseswonnen. Dieserhalb hätten sie in Anbetracht solcher göttlichen Anlage zu seinem Ergötzen in der Morgenfrühe mit einem Messer Gläser zum Klingen gebracht oder mit Stöpseln und Deckeln auf Flaschen und Kannen eine gar fröhliche Musik angestimmt, und bei diesem Geklingel und Geläute wurde er sogleich munter und vergnügt, er strampelte vor Lust, wiegte mit dem Köpfchen hin und her, klampfte mit den Fingern und sang dazu mit dem Arsch den Grundbaß.

Die Rebenfrauen

LUKIAN

Wie wir durch den Wald fortgegangen waren, wurden wir eine eherne Säule gewahr, auf welcher in halberloschenen und vom Rost ausgefressenen griechischen Buchstaben diese Schrift zu lesen war: »Bis hierher sind Bacchus und Herkules gekommen.« Wir beugten unsere Knie und gingen weiter, waren aber noch nicht lange gegangen, als wir an einen Fluß kamen, der statt Wasser einen Wein führte, den wir an Farbe und Geschmack unserm Chierwein sehr ähnlich fanden.

Weil ich aber begierig war zu wissen, wo dieser Fluß entspringe, gingen wir an ihm hinauf, fanden aber keine Quelle, sondern bloß eine Menge großer Weinstöcke, die voller Trauben hingen, und an jedem Stock rann der Wein in hellen durchsichtigen Tropfen herab, aus deren Zusammenfluß der Strom entstand. Wir sahen auch eine Menge Fische in demselben, deren Fleisch die Farbe und den Geschmack des Weins, worin sie lebten, hatte. Wir fingen einige und schlangen sie so gierig hinunter, daß wir uns einen derben Rausch daran aßen; auch fand ich, wie wir sie aufschnitten, daß sie voller Hefen waren. Nachdem wir hierauf den Fluß an einer Stelle, wo er sehr seicht war, durchwatet hatten, stießen

wir auf eine wunderbare Art von Reben; von unten nämlich war jeder Stock grünes und knotiges Rebholz, von oben hingegen waren es Frauenzimmer, die bis zum Gürtel herab alles, was sich gebührt, in der größten Vollkommenheit hatten, ungefähr so, wie man bei uns die Daphne malt, wenn sie in Apollos Umarmung zum Baume wird. Ihre Finger liefen in Schößlinge aus, die voller Trauben hingen, auch waren ihre Köpfe statt der Haare mit Ranken, Blättern und Trauben bewachsen.

Diese Damen kamen auf uns zu, gaben uns freundlich die Hände und grüßten uns, einige in lydischer, andere in indischer, die meisten aber in griechischer Sprache; sie küßten uns auch auf den Mund; aber wer geküßt wurde, war auf der Stelle berauscht und taumelte. Nur ihre Früchte zu lesen, wollten sie uns nicht gestatten und schrien vor Schmerz laut auf, wenn wir ihnen etwa eine Traube abbrachen.

Einigen von ihnen kam sogar die Lust an, sich mit uns zu begatten; aber ein paar von meinen Gefährten, die ihnen zuwillen waren, mußten ihre Lüsternheit teuer bezahlen. Denn sie konnten sich nicht wieder losmachen, sondern wuchsen dergestalt mit ihnen zusammen, daß sie zu einem einzigen Stock mit gemeinschaftlichen Wurzeln wurden. Ihre Finger verwandelten sich in Rebschosse voll durcheinandergeschlungener Ranken und fingen bereits an, Augen zu gewinnen und Früchte zu versprechen.

Wir überließen sie ihrem Schicksal und eilten, was wir konnten, unserm Schiff zu, wo wir unsern zurückgelassenen Kameraden alles erzählten, was wir gesehen hatten.

Die Seele des Weins

CHARLES BAUDELAIRE

Des Weines Seele sang in Flaschen eingeschlossen:
»Geliebter Mensch, sieh her, Enterbter du, ich bin
In dieses gläserne Gefängnis eingegossen,
Doch singt zu dir mein Lied von Licht und Brudersinn!

Ich weiß, am Bergeshang, in Sommers heißem Weben,
Braucht es so viel an Schweiß und Fleiß und Sonnenschein,
Mir Leben zu verleihn und Seele einzugeben;
Nicht undankbar will ich, und auch nicht boshaft sein,

Denn immer wird es mir die größte Lust bereiten,
Hinabzurinnen in erschöpfter Männer Schlund,

In ihrer warmen Brust so süßes Grab zu gleiten,
Ist mir willkommner als mein kalter Kellergrund.

Hörst du die Lieder nicht, das Feiertagsbehagen,
Und wie im Herzen froh die Hoffnung perlt? Gieß ein!
Die Arme auf dem Tisch, die Ärmel hochgeschlagen,
Wirst du mich preisen und mit mir zufrieden sein;

Das Glück strahlt deinem Weib aus den verzückten Augen,
Und deinem Sohn verleih ich Farbe, Mut und Kraft,
Im ersten Lebensstreit will ich ihm herrlich taugen
Als Öl, das für den Kampf ihm seine Muskeln strafft.

Ich will, Ambrosia der Reben, in dich fließen,
Vom ew'gen Sämann als ein Same ausgestreut,
Aus unsrer Liebe Keim wird deine Dichtung sprießen,
Die einer Blume gleich den Herrn des Himmels freut!«

Der Wein wirkt stärkend auf den Geistes-
zustand, den er vorfindet:
Er macht die Dummen dümmer,
die Klugen klüger.

JEAN PAUL

Über die Kunst zu leben

Georg Christoph Lichtenberg

Trinken, wenn es nicht vor dem fünfunddreißigsten Jahre geschieht, ist nicht so sehr zu tadeln, wie sich viele meiner Leser vorstellen werden. Dies ist ungefähr die Zeit, da der Mensch aus den Irrgängen seines Lebens heraus auf die Ebene tritt, in welcher er seine künftige Bahn von nun an offen vor sich hinlaufen sieht. Er ist betrübt, wenn er alsdann erst sieht, daß es die rechte nicht ist; eine andere zu suchen, wenn er nicht sehr gut zu Fuß ist, ist gemeinhin zu spät. Ist diese Entdeckung mit einer Unruhe verknüpft, so hat man durch die Erfahrung gefunden, daß der Wein zuweilen Wunder tut, fünf bis sechs Gläser oder bis and die spes dives des Horaz getrunken, gibt nun dem Menschen die Lage, die er verfehlt hat.

Das Faß Amontillado

EDGAR ALLAN POE

Ich hatte die tausendfältigen Ungerechtigkeiten und Kränkungen, die mir Fortunato unaufhörlich zufügte, mit wahrer Engelsgeduld ertragen. Als er mich aber zu beleidigen wagte, da schwur ich ihm Rache. Sie kennen meinen Charakter und werden mir also glauben, daß ich meine Rachegedanken durch keine einzige Drohung verriet. Aber ich wußte, daß der Tag meiner Rache kommen würde; das stand felsenfest. Und so fein wollte ich meine Netze auslegen, daß ich dabei für meine Person nicht die mindeste Gefahr zu befürchten hatte. Ich wollte nicht nur strafen, sondern ungestraft strafen. Denn das ist keine rechte Rache, wenn den Rächer seinerseits wieder eine Strafe ereilt. Und nur dann ist die Rache vollkommen, wenn der Beleidiger weiß, daß es die Rache des Beleidigten ist, die ihn trifft.

Sie können sich denken, daß ich Fortunato durch kein einziges Wort, durch nichts in meinem Benehmen Anlaß gab, an meiner Sympathie ihm gegenüber zu zweifeln. Ich lächelte ihm zu, als ob nichts geschehen wäre, und er konnte also durchaus nicht ahnen, daß ich nur in dem frohlockenden Gedanken an sein baldiges Verderben lächelte.

Dieser Fortunato, der übrigens ein Mann war, den man allgemein achtete, ja sogar ein wenig fürchtete, hatte eine schwache Seite. Er tat sich nämlich etwas darauf zugute, ein besonders gewiegter Weinkenner zu sein. Mit der Kennerschaft der Italiener ist es freilich im allgemeinen nicht weit her. In den meisten Fällen paßt sich ihr Enthusiasmus dem Augenblick und ihrem Vorteil an, wenn es sich darum handelt, einen englischen oder österreichischen Millionär übers Ohr zu hauen. Von Gemälden und Edelsteinen verstand Fortunato wie die meisten seiner Landsleute verflucht wenig; daß er aber ein ausgekochter Kenner alter Weine war, das konnte man nicht leugnen. In dieser Wissenschaft gab ich ihm übrigens nichts nach; ich war selbst mit den Erzeugnissen der italienischen Weingärten wohlvertraut und kaufte reichlich ein, wo immer sich die Gelegenheit bot.

Eines Abends bei anbrechender Dämmerung, gerade während der tollsten Faschingszeit, traf ich mit meinem Freund zusammen. Er begrüßte mich mit überschwenglicher Herzlichkeit, denn er hatte viel getrunken. Er trug ein enganliegendes Harlekinsgewand, dessen zwei Hälften verschieden gefärbt waren, und auf dem Kopf eine spitze Narrenkappe mit Schellen. Ich freute mich so sehr, als ich ihn sah, daß ich schier nicht aufhören konnte, ihm die Hand zu schütteln.

»Mein lieber Fortunato!« sagte ich zu ihm, »ich freue mich, Sie zu treffen! Wie famos Sie heute aussehen! Denken Sie nur, ich habe ein Faß Wein bekommen, von dem der Verkäufer behauptet, es sei echter Amontillado; aber ich zweifle ein wenig daran.«

»Was?« rief er, »Amontillado? Ein ganzes Faß? Unmöglich! Und jetzt, mitten im Karneval!«

»Ja, auch mir kommt die Sache nicht ganz geheuer vor«, entgegnete ich, »und ich war dumm genug, den vollen Preis zu bezahlen, ohne vorher Ihr Gutachten einzuholen. Aber Sie waren nirgends zu finden, und ich wollte mir den Kauf nicht entgehen lassen.«

»Amontillado!«

»Ich zweifle, wie gesagt.«

»Amontillado!«

»Ich muß einen Kenner fragen.«

»Amontillado!«

»Da Sie wohl keine Zeit haben, will ich Luchesi aufsuchen. Wenn irgendwer ein Urteil hat, so ist er es. Er wird mir gewiß sagen können ...«

»Luchesi kann einen Amontillado nicht von einem Sherry unterscheiden!«

»Und doch gibt es Dummköpfe, die behaupten, daß er ebensoviel von Wein verstünde wie Sie selber.«

»Kommen Sie, gehen wir!«

»Wohin?«

»In Ihren Weinkeller!«

»Aber, lieber Freund, ich will Ihre Liebenswürdigkeit nicht miß-brauchen. Sie haben doch bestimmt eine Verabredung. Luchesi ...«

»Ich habe keine Verabredung. Kommen Sie nur!«

»Nein, mein Freund, es handelt sich nicht allein darum; aber ich sehe, Sie sind erkältet. Die Keller sind unerträglich feucht, die Wände ganz mit Salpeter überzogen.«

»Kommen Sie nur, das macht nichts. Meine Erkältung ist nicht der Rede wert. Amontillado! Wer weiß, was man Ihnen da an-gehängt hat. Und dieser Luchesi — ich versichere Ihnen, er kann Sherry nicht von einem Amontillado unterscheiden.«

Damit ergriff Fortunato meinen Arm. Ich nahm eine schwarze Seidenmaske vors Gesicht, hüllte mich fest in meinen weiten Man-tel und ließ mich von ihm zu meinem Palazzo führen.

Keiner meiner Diener war zu Hause. Sie waren alle ausgeflogen, um sich an den Karnevalsfreuden zu vergnügen. Ich hatte ihnen gesagt, daß ich vor dem frühen Morgen nicht heimkehren werde, und hatte ihnen den strikten Befehl gegeben, das Haus nicht zu verlassen. Das genügte, wie ich sehr wohl wußte, damit sie alle ausflogen, sowie ich den Rücken gekehrt hatte.

Ich nahm zwei Fackeln aus ihren Ringen, gab eine Fortunato zu halten und geleitete ihn durch die ganze Flucht meiner Zimmer bis zu dem Bogengang, der zu den Kellern führte. Wir stiegen eine lange Wendeltreppe hinab, und ich bat ihn, mir recht vorsichtig zu folgen. Wir kamen endlich unten an und standen nun auf dem feuchten Boden der Katakomben der Montresors.

Der Gang meines Freundes war schwankend, und die Schellen seiner Narrenkappe klingelten bei jedem Schritt.

»Wo ist das Faß?«

»Es liegt weiter hinten«, antwortete ich; »aber sehen Sie nur, wie die weißen Krusten an den Wänden glitzern!«

Er wandte sich mir zu und starrte mich mit glasigen Augen an, aus denen die Tränen der Trunkenheit tropften.

»Salpeter?« fragte er schließlich.

»Ja, Salpeter«, antwortete ich. »Seit wann sind Sie so erkältet?«

»Kch! kch! kch! kch! kch! kch!«

Während mehrerer Minuten vermochte mein armer Freund vor lauter Husten nicht zu antworten.

»Ach, es ist nichts«, sagte er endlich.

»Kommen Sie!« fuhr ich entschlossen fort, »kehren wir um. Ich fürchte wirklich für Ihre Gesundheit. Sie sind reich, angesehen, geachtet und beliebt. Sie sind so glücklich, wie auch ich es einmal war. Es wäre wirklich schade um Sie. Mir macht es nichts weiter aus. Gehen wir zurück. Sie werden sonst krank, und ich möchte diese Verantwortung nicht auf mich nehmen. Übrigens kann ich ja wirklich Luchesi —«

»Aber lassen Sie doch!« rief er. »Mein Husten ist wirklich nicht der Rede wert. Er wird mich nicht umbringen. Ich werde an ein bißchen Husten nicht gleich sterben!«

»Nun, freilich«, antwortete ich, »und ich hatte wahrhaftig nicht die Absicht, Sie unnötig zu beunruhigen; aber Sie sollten doch recht vorsichtig sein. Übrigens wird uns ein Schluck von diesem Medoc in den dumpfigen Gewölben guttun.«

Mit diesen Worten nahm ich eine Flasche von einer langen, reichbesetzten Stellage und entkorkte sie.

»Trinken Sie«, sagte ich und reichte ihm den Wein.

Schmunzelnd hob er die Flasche an die Lippen. Dann setzte er ab und nickte mir freundschaftlich zu, während seine Schellen klingelten.

»Ich trinke auf die Toten, die rings um uns ruhen!« sagte er.

»Und ich auf Ihr langes Leben!«

Wieder nahm er meinen Arm, und wir schritten weiter.

»Sehr geräumig, diese Katakomben«, meinte er.

»Die Montresors«, erwiderte ich, »waren eine große und zahlreiche Familie.«

»Wie ist doch Ihr Wappen?«

»Ein großer goldener Fuß im azurnen Feld. Der Fuß zertritt eine Schlange, die ihre Zähne in seine Ferse gräbt.«

»Und die Devise?«

»Nemo me impune lacessit.«

»Ein schöner Wahlspruch!« meinte er.

Seine Augen flackerten trunken, und seine Schellen klingelten. Auch mein Kopf wurde durch den Medoc erhitzt. Wir waren an großen Haufen aufgeschichteter Gebeine vorbeigekommen, dann wieder an langen Reihen großer und kleinerer Fässer und befanden uns nun im entlegensten Teil der Katakomben. Wieder blieb ich stehen und ergriff nun meinerseits Fortunatos Arm.

»Sehen Sie nur diese Unmenge von Salpeterkrusten!« sagte ich. »Wie Moos hängt er von den Wänden. Wir befinden uns jetzt gerade unterhalb des Flußbettes. Hören Sie, wie das Wasser zwischen die Totenknochen tropft? Kommen Sie, wir wollen umkehren, ehe es zu spät ist. Ihr Husten ...«

»Aber das macht mir nichts«, sagte er; »kommen Sie nur. Zuerst aber noch einen Schluck Medoc für uns beide.«

Ich entkorkte eine Flasche Grave und reichte sie ihm. Er leerte sie auf einen Zug. Seine Augen funkelten wie glühende Kohlen. Er lachte auf und warf die Flasche mit einer Geste, die ich nicht recht verstand, in eine Ecke.

Ich schaute ihn verwundert an. Wieder machte er diese groteske Handbewegung.

»Verstehen Sie nicht?« fragte er.

»Nein«, entgegnete ich.

»Sie gehören also nicht der Loge an?«

»Wie meinen Sie?«

»Sie sind nicht Maurer?«

»Ja, doch«, sagte ich, »doch, doch!«

»Ein Zeichen!« rief er.

»Da!« Ich zog aus den Falten meines Mantels eine Maurerkelle hervor.

»Sie scherzen!« erwiderte er und trat ein paar Schritte zurück. »Aber gehen wir endlich zu Ihrem Faß Amontillado.«

»Ja, gehen wir«, entgegnete ich, verbarg die Kelle wieder unter den Mantelfalten und nahm erneut seinen Arm. Er stützte sich schwer auf mich, und wir setzten unseren Weg fort. Wir schritten durch eine Reihe niederer Bogengänge, stiegen tiefer hinab, weiter ging es, noch tiefer, bis wir schließlich in ein niederes Gewölbe gelangten, in dem die Luft so stickig war, daß unsere Fackeln kaum noch brannten und fast kein Licht mehr gaben.

An dieses Gewölbe schloß sich ein zweites, weniger geräumiges an, an dessen Wänden wie in den großen Katakomben zu Paris menschliche Gebeine hoch aufgestapelt lagen. Drei Wände dieser tiefsten Krypta waren noch auf diese Weise geschmückt, von der vierten war das Gebein heruntergefallen und lag verstreut auf dem Boden umher und bildete an einer Stelle einen Haufen von ziemlich beträchtlicher Höhe. In der freigelegten Wand war noch eine weitere Höhlung von vielleicht vier Fuß Tiefe, drei Fuß Breite und sechs oder sieben Fuß Höhe zu sehen. Diese Nische war offenbar in keiner bestimmten Absicht angelegt worden, sondern bildete vielmehr den Zwischenraum zwischen zwei der ungeheuren Pfeiler, die das Gewölbe der Katakomben stützten. Auf der Rückseite schloß sie die massive Granitmauer ab, die das Ganze umgab.

Vergebens hob Fortunato seine trüb flackernde Fackel, um in die Tiefe der Nische hineinzuspähen. Das schwache Licht ließ die Ausdehnung des Gewölbes nicht erkennen.

»Treten Sie ein«, sagte ich, »da drin liegt das Faß. Dieser Luchesi übrigens ...«

»Er ist ein Dummkopf«, unterbrach mich mein Freund und tappte schwankend weiter, während ich ihm auf den Fersen folgte. In wenigen Augenblicken hatte er die Rückwand der Nische erreicht und blieb verdutzt stehen, als er gegen die Mauer stieß. Eine Sekunde später hatte ich ihn blitzschnell und den Felsen angekettet. Dort befanden sich nämlich in den Granit eingelassen zwei eiserne Ringe, etwa zwei Schritt voneinander entfernt. Von einem dieser Ringe hing eine kurze Kette herunter, vom anderen ein Vorhängeschloß. Die Kette um seinen Leib zu schlingen und sie zuzuschließen war das Werk eines Augenblicks. Er war viel zu überrascht, um an Widerstand zu denken. Ich zog den Schlüssel ab und trat aus der Nische zurück.

»Greifen Sie einmal mit Ihren Händen an die Mauer«, sagte ich. »Spüren Sie die Salpeterkruste? Es ist wirklich verdammt feucht hier unten. Ich bitte Sie noch einmal, gehen wir zurück. Sie wollen nicht? Nun, dann muß ich Sie wirklich allein lassen. Zuerst aber will ich Ihnen alles an Bequemlichkeit verschaffen, was in meiner Macht steht.«

»Der Amontillado!« stammelte mein Freund, der sich noch nicht gefaßt hatte.

»Gewiß, gewiß«, entgegnete ich, »der Amontillado.«

Während dieser Worte machte ich mir an dem Knochenhaufen zu schaffen, von dem ich schon gesprochen habe, und warf die Gebeine beiseite. Bald hatte ich eine ziemliche Menge von Ziegelsteinen und Mörtel freigelegt. Mit diesen Steinen und mit dem Mörtel begann ich nun eifrig mit Hilfe meiner Kelle den Eingang der Nische zu vermauern.

Ich hatte kaum die erste Reihe meiner Ziegelmauer gelegt, als ich bemerkte, daß die Trunkenheit Fortunatos fast ganz verschwunden war. Das erste Zeichen davon war ein dumpfer, gequälter Schrei, der mir aus der Nische entgegenklang. Das war nicht der Schrei eines Betrunkenen. Dann folgte ein langes Schweigen. Ich mauerte die zweite Lage, die dritte und die vierte, dann hörte ich wütendes Kettengerassel. Das Geräusch dauerte

mehrere Minuten an, und um mir rechte Genugtuung zu verschaffen, unterbrach ich meine Arbeit und setzte mich auf den
Knochenhaufen, während ich lauschte. Als das Gerassel verstummte, nahm ich meine Kelle wieder zur Hand und legte ohne Unterbrechung die fünfte, sechste und siebente Lage. Die
Mauer, die ich aufgerichtet hatte, reichte mir nun schon bis an die
Brust. Wieder machte ich eine Pause, hielt die Fackel in die Nische hinein und beleuchtete den Eingeschlossenen.

Da schrillte mir aus der Kehle des Gefesselten ein lautes, gell-
lendes Geschrei entgegen, gleichsam als wollte er mich mit diesem Schreien zurückschleudern. Wirklich fuhr ich für einen Augenblick zögernd zurück. Ich zitterte. Ich zog meinen Degen
und stieß mehrmals in die Nische hinein, doch ein weiterer Augenblick des Nachdenkens beruhigte mich wieder. Ich legte
meine Hand wie prüfend auf das massive Mauerwerk des Gewölbes und fühlte mich höchst befriedigt. Ich trat wieder an die
Maueröffnung heran und antwortete auf das Gebrüll des Schrei-
enden. Ich gab ihm das Echo seines Schreiens zurück, ich half

ihm. Ich schrie noch lauter, noch fürchterlicher als er. Da verstummte er.

Er war indessen Mitternacht geworden, und meine Arbeit näherte sich dem Ende. Die achte, neunte und zehnte Lage war vollendet, ebenso der größte Teil der elften und letzten Lage. Ein einziger großer Stein war noch einzumauern. Mühsam hob ich ihn auf und rückte ihn zurecht. In diesem Augenblick aber drang ein so fürchterliches, halbblautes Lachen aus der Nische, daß sich mir die Haare auf dem Kopfe sträubten. Dann vernahm ich eine traurige Stimme, die ich kaum als die des stolzen Fortunato wiedererkannte. Und die Stimme sagte: »Hahaha! Wirklich ein guter Spaß, ein famoser Spaß. Wir werden im Palazzo noch viel darüber lachen — hehehe! — über unseren Wein! hehehe!«

»Über den Amontillado!« sagte ich.

»Hehehe! — hehehe! — ja, über den Amontillado. Aber ist es inzwischen nicht spät geworden? Werden sie uns nicht schon erwarten, Signora Fortunato und die anderen? Wollen wir nicht gehen?«

»Ja«, sagte ich, »wir wollen gehen.«

»Um Gottes willen, Montresor!«

»Ja, um Gottes willen!«

Nach diesen Worten lauschte ich vergeblich auf eine Antwort. Ich wurde ungeduldig und rief laut: »Fortunato!«

Keine Antwort. Ich rief noch einmal: »Fortunato!«

Wieder keine Antwort. Ich zwängte eine Fackel durch die schmale Öffnung, die noch geblieben war, und ließ sie hineinfallen. Leises Schellengeklirr drang aus der Nische an mein Ohr. Mir schwindelte, die dumpfe Luft des Gewölbes war schuld daran. Hastig beendete ich mein Werk. Ich rückte den letzten Stein zurecht und mauerte ihn mit dem Mörtel fest. Vor das neue Mauerwerk schichtete ich den alten Wall von Totengebeinen wieder auf. Seit einem halben Jahrhundert hat kein menschliches Wesen die Gebeine der Toten in ihrer Ruhe gestört. In pace requiescat!

Die besten Vergrößerungs-Gläser für die
Freuden dieser Welt sind jene,
aus denen man trinkt.

JOACHIM RINGELNATZ

Tavernen

ERHART KÄSTNER

Toren besuchen im fremden Land die Museen, Weise gehn in die Tavernen. Kein Land ist gut, in dem man schlecht ißt, darauf kann man sich ruhig verlassen. Man lernt in Frankreich sehr schnell, welcher Unsinn es ist, zu behaupten, der Franzose sei denaturiert; seine Art, ein Gemüse zuzubereiten, zeugt von viel mehr Natur als das bei uns beliebte Gemansch. Der italienische Koch ist herzlicher und breitfröhlicher als der Franzose; sein Einfall, dem Feinde Hunger erst einmal durch einen Teller pasta asciutta das Rückgrat zu brechen, könnte in einem französischen Kopfe nie aufgetaucht sein.

Die griechische Kost ist liebenswert durch einen ländlichen

Zug. Auch das verfeinerte Mahl ist aus dem Hirtenmahle entwickelt, dessen Gaben bescheiden und schlicht sind, aber geadelt vom Dank, mit dem sie ein jeder genießt. Unantastbar die Grundstoffe. Immer kommen die grünlichen oder schwärzlichen Oliven zum Tisch. Weißer Schafkäse, Joghurt, Feigen, das jahreszeitliche Obst, das kehrt immer wieder, und niemand wird es mißachten. Das Öl durchzieht die Speisen als Element; man schmeckt ihm das Erdige an, man liebt und ißt die Landschaft in ihm, die ölbaumschimmernden Fluren. Kenner wissen den Geschmack des Öles von Kreta vom attischen und von dem Mytilenes zu trennen. Das am Spieß Gebratene versetzt zu den Hirten und, im Fisch oder im Oktapodi, dem Tintenfisch, genießt man die glitzernde Weite des Meers.

Am Ilyssos-Ufer, am Rande der inneren Stadt, liegt eine Taverne. Sie ist als Landhaus eines Engländers vor hundert Jahren erbaut. Gegen den Uferweg stemmt sich die hohe, silbergrau überwachsende Mauer. Sie stützt eine hochgelegene Terrasse. Man steigt über ein steiles Mauertreppchen hinauf. Weinlauben mit Tischen und Stühlen. Hier kann man trinken. Das bemerkenswerte Gasthaus besitzt zwei getrennte Flügel und zwei getrennte Aufgänge. Im rechten Flügel können Verliebte stundenweis Unterkunft finden, da ist ein Liebesnest neben dem andern. Ein paar Schritte davon, auf dem anderen Flügel, auf der Terrasse, sitzen die Gäste, die nicht verliebt sind, trinken und sprechen, ein wenig bespendet vom nahen und vielfachen Liebesgeschehen.

Am Ilyssos-Ufer ging Sokrates. Jetzt ist das nur noch ein trübes Rinnsal zwischen Zementmauern, weil das versteppte Land den Bach nicht mehr zu speisen vermag. Indessen, der Harzwein ist noch derselbe geblieben. Wer den Harzwein nicht mag, weiß nicht, was Attika ist. Mögen die ersten fünfzig Liter ein bißchen fremd schmecken, wie bald gibt sich das. Wer ihn trinkt, trinkt Wein und trinkt auch das attische Land. Trinkt die Weinäcker mit den schwarzen knorrigen Stöcken, die Berge, den Wald und den harzigen Duft, den die Sonne aus den hellgrünen Zwergkiefern schweißt. Der Harzwein gewährt den spirituellsten Rausch von allen Weinen der Welt. Er verweigert es, sich transportieren zu lassen, klug wie er ist; nur in Attika will er getrunken sein, sonst schlägt er um. Er gibt sich nicht als Exportgut her. Vom Harzwein berauscht sieht man die Dinge geordnet; vieles Unklare wird klar.

Nichts ersetzt den Blick, mit dem man die Dinge im Harzwein anschauen kann. In ihm ist das Staunen. Staunenswert entfalten sich dann die Blumen der Dinge. Jedes Ding hat sein nüchternes Maß und sein Maß, zu dem es im Harzwein erblüht; man muß beides kennen. Eine Wahrheit, eine Erinnerung und ein Plan mögen ihre Tüchtigkeit haben: ihren wirklichen Wert wird man erst sehen, wenn man sie durch den Topas des Weines anblickt. Seine Freunde und was mit der Liebe zusammenhängt, muß man im Weine anschauen; nichts taugt, was nicht so angeblickt werden kann.

Was bin ich alter Bösewicht
So wankelig von Sinne.
Ein leeres Glas gefällt mir nicht,
Ich will, daß was darinne.

Das ist mir so ein dürr Geklirr;
He, Kellnerin erscheine!
Laß dieses öde Trinkgeschirr
Befeuchtet sein vom Weine!

Nun will mir aber dieses auch
Nur kurze Zeit gefallen;
Hinunter muß es durch den Schlauch
Zur dunklen Tiefe wallen. —

So schwank ich ohne Unterlaß
Hinwieder zwischen Beiden.

Ein volles Glas, ein leeres Glas
Mag ich nicht lange leiden.

Ich bin gerade so als wie
Der Erzbischof von Köllen,
Er leert sein Gläslein wuppheidi
Und läßt es wieder völlen.

WILHELM BUSCH

Trunken müssen wir alle sein!
Jugend ist Trunkenheit ohne Wein;
Trinkt sich das Alter wieder zu Jugend,
So ist es wundervolle Tugend.
Für Sorgen sorgt das liebe Leben,
Und Sorgenbrecher sind die Reben.

JOHANN WOLFGANG VON GOETHE

Die Weinzunge

MIGUEL DE CERVANTES

Sancho aß, ohne sich bitten zu lassen, und schluckte im Dunkeln Bissen hinunter, so groß wie die Knoten eines Ochsenstricks, und sagte: »Ja, Euer Gnaden ist ein getreuer, redlicher Schildknappe; Ihr seid wie eine Mühle, die immer geht und mahlt, Ihr seid großartig und großherzig, wie es dieses Festmahl dartut, das, wenn es nicht durch Zauberkunst hierhergekommen, wenigstens danach aussieht. Ihr seid nicht wie ich, ärmlich und erbärmlich, der ich nichts in meinem Zwerchsack habe als ein wenig Käse, der so hart ist, daß man einem Riesen damit den Schädel einschlagen könnte, und welchem Gesellschaft leisten ein paar Dutzend Schoten Johannisbrot und ebensoviel Hasel- und Walnüsse, dank der Dürftigkeit meines Herrn und dank der Meinung, die er hegt, und der Regel, an der er festhält, daß fahrende Ritter sich von nichts erhalten und nähren sollen als von trocknem Obst und von Kräutern des Feldes.«

»Wahrlich, Bruder«, entgegnete der vom Walde, »mein Magen ist nicht für Distelkohl, Holzbirnen und Waldwurzeln geeignet. Sie mögen sehen, wie sie mit ihren Ritterschaftsgrillen und Rittergesetzen zurechtkommen, und mögen essen, was diese Gesetze vorschreiben; ich führe kalte Küche bei mir, und hier den Lederschlauch hab ich am Sattelknopf hängen für den Fall, daß, und für den Fall, daß nicht, und er ist mir so zugetan, und ich habe ihn so lieb, daß selten ein Augenblick vergeht, wo ich ihn nicht tausendmal küsse und an mich drücke.«

Mit diesen Worten gab er ihn Sancho in die Hand, und dieser hob ihn empor, setzte ihn an die Lippen, sah eine Viertelstunde lang die Sterne an, und als er ausgetrunken, neigte er den Kopf zur Seite, seufzte mächtiglich auf und sprach: »O der Schelm, der Hurensohn! Der ist aber echt!«

»Seht Ihr nun«, fiel der vom Walde ein, »wie Ihr, um den Wein zu loben, ihn einen Hurensohn genannt habt?«

»Ich sag's ja«, antwortete Sancho, »ich bekenn es, daß ich jetzt erkenne, es ist keine Unehre, jemanden einen Hurensohn zu nennen, wenn man ihn damit loben will. Aber sagt mir, so wahr Gott am Leben erhalte, was Ihr am liebsten habt, ist der Wein von Ciudad Real?«

»Treffliche Weinzunge!« antwortete der vom Walde; »in der Tat, er ist nirgends anders her und zählt schon etliche Jahre an Alter.«

»Mir kommt Ihr damit?« sagte Sancho darauf. »Glaubt nur nicht, daß es mir zu hoch ist, ein richtiges Verständnis vom Wein zu haben. Ist's nicht was Schönes, Herr Schildknappe, daß ich von Natur einen so guten Instinkt habe, daß, wenn man mir irgendeinen beliebigen Wein zu riechen gibt, ich gleich seine Heimat und Herkunft erkenne, und wie er schmeckt und wie lang er sich hält und wie oft er umgeschlagen wird, benebst allen andern Umständen, die beim Wein in Frage kommen? Aber es ist nichts zum

Wundern dabei, denn ich hatte in meiner Familie von Vaters Seite die zwei ausgezeichnetsten Weinschmecker, welche seit vielen Jahren die Mancha gesehen hat; und zum Beweis will ich Euch erzählen, was ihnen einmal begegnet ist. Man gab ihnen beiden aus einem Fasse Wein zu versuchen und bat sie um ihr Urteil über Zustand, Beschaffenheit, Güte oder Mangelhaftigkeit des Weines. Der eine versuchte ihn mit der Zungenspitze, der andre hielt ihn bloß an die Nase. Der erste sagte, der Wein schmecke nach Eisen, der zweite sagte, er schmecke mehr nach Ziegenleder. Der Eigentümer sagte, das Faß sei rein und der Wein sei mit nichts verschnitten, wovon er den Geschmack von Eisen oder Leder habe annehmen können. Dessenungeachtet blieben die beiden ausgezeichneten Weinschmecker bei ihrem Ausspruch. Mit Verlauf der Zeit wurde der Wein verkauft, und beim Reinigen des Fasses fand man darin einen kleinen Schlüssel, der an einem Riemen von Ziegenleder hing. Daraus mag Euer Gnaden ersehen, ob ein Mann, der von solchen Ahnen stammt, in dergleichen Streitfragen sein Urteil abgeben kann.«

»Eben darum sag ich«, sprach darauf der vom Walde, »daß wir ablassen sollen, auf die Suche nach Abenteuern zu ziehn, und da wir Schwarzbrot haben, wollen wir nicht nach Kuchen gehen und wollen zu unsern Hütten heimkehren; denn Gott wird uns da schon finden, wenn es sein Wille ist. Bis mein Herr nach Zaragoza kommt, will ich in seinen Diensten bleiben, und dann werden wir weiter sehen.«

Kurz, die beiden wackern Knappen plauderten so viel und tranken so viel, daß ihnen zuletzt der Schlaf die

Zunge fesseln und ihren Durst lindern mußte, denn den ihnen ganz zu löschen war unmöglich. Und so daliegend, jeder von beiden den fast geleerten Lederschlauch umklammernd, die halbgekauten Brocken im Munde, sanken sie in Schlaf.

Trinklied

LUDWIG UHLAND

Was ist das für ein durstig Jahr!
Die Kehle lechzt mir immerdar,
Die Leber dorrt mir ein.
Ich bin ein Fisch auf trocknem Sand.
Ich bin ein dürres Ackerland:
O schafft mir, schafft mir Wein!

Was weht doch jetzt für trockne Luft!
Kein Regen hilft, kein Tau, kein Duft,
Kein Trunk will mir gedeih'n.
Ich trink im allertiefsten Zug,

Und dennoch wird mir's nie genug,
Fällt wie auf heißen Stein.

Was herrscht doch für ein hitz'ger Stern!
Er zehrt mir recht am innern Kern
Und macht mir Herzenspein.
Man dächte wohl, ich sei verliebt;
Ja, ja! die mir zu trinken gibt,
Soll meine Liebste sein.

Die Wahrheit ist im Wein;
Das heißt: In unsern Tagen
Muß einer betrunken sein,
Um Lust zu haben, die Wahrheit zu sagen.

FRIEDRICH RÜCKERT

Die Schlafkameraden

Johann Peter Hebel

Eines Abends kam ein fremder Herr mit seinem Bedienten im Wirtshaus zu der goldenen Linde in Brassenheim an und ließ sich bei dem Nachtessen beiderlei wohl schmecken: nämlich das Essen selbst und das köstliche Getränk. Denn der Lindenwirt hat Guten.

Der Bediente aber an einem anderen Tisch dachte: »Ich will meinem Herrn keine Schande machen«, und trank wie im Zorn ein Glas und eine Bouteille nach der andern aus, sagend zu sich selbst: »Der Wirt soll nicht meinen, daß wir Knicker sind.« Nach dem Essen sagte der Herr zu dem Lindenwirt: »Herr Wirt, ich hab an Eurem Roten sozusagen eine gefährliche Entdeckung gemacht. Bringt mir noch eine Flasche voll in das Schlafstüblein.« Der Bediente hinter dem Rücken des Herrn winkte dem Wirt: »Mir auch eine!« denn sein Herr ließ sich vieles von ihm gefallen, weil er auf Reisen auch sein Leibgardist war und immer mit ihm in der nämlichen Stube schlafen mußte.

Also trank an seinem Tisch der Herr und las die Zeitung, und am andern Tisch dachte der Bediente: »Es ist ein harter Dienst, wenn man trinken muß, anstatt zu schlafen, zumal so starken.« Gleichwohl als er dem Herrn die zweite Flasche holen mußte, nahm er für sich auch noch eine mit vom nämlichen.

Der Herr fing endlich an, laut mit der Zeitung zu reden, und der Bediente nahm wie ein Echo zwischen der Türe und dem Fenster auch Anteil daran, aber wie? Der Herr las von dem großen Mammutsknochen, der gefunden wurde. Der Bediente, der eben das Glas zum Munde führte, lallte für sich: »Soll leben der Mahometsknochen.« Oder als der Herr von dem Seminaristen las aus dem Seminarium in Pavia, der mit Lebensgefahr eines Schriftgießers Kind aus den Flammen rettete, ergriff er das Glas, und »Bravo« sagte er, »wackerer Seminarist!« Der Bediente aber stammelte für sich:

»Soll leben der wackere Seeminister«, und goß richtig das halbe Glas über die Liberei hinab. »Hast du's gehört, Anton? So eine Tat wiegt viele Meriten auf«, fuhr der Herr fort. — »Sollen auch leben die Minoriten«, erwiderte der Diener; und sooft jener z. B. sich räusperte oder gähnte, räusperte sich und gähnte der Anton auch. Endlich sagte der Herr: »Anton, jetzt wollen wir ins Bett.« Der Anton sah seine Flasche an und erwiderte: »Es wird ohnehin niemand mehr auf sein in der Wirtschaft.« Denn seine Flasche war leer. Aber in der Flasche des Herrn war noch ein Restlein.

Früh gegen zwei Uhr weckte es den Anton, daß noch ein Restlein in der Flasche des Herrn sei. Also stand er auf und trank es aus. »Sonst verriecht es«, dachte er. Als er aber sich wieder legen wollte, kam er ein wenig zu weit rechts an das Bett seines Herrn. Denn beide Betten standen an der nämlichen Wand mit den Fußstätten gegeneinander. Also legte sich der Anton neben seinen Herrn, mit dem Kopf unten, und mit den Füßen oben, neben des Herrn Gesicht, weil er meinte, er liege wieder in seinem eigenen. Eine Stunde vor Tag aber, als der Herr erwachte, kam es ihm vor, er wußte selbst nicht recht wie? »Soll ich denn gestern abend haben Backensteinkäs heraufkommen lassen«, dachte er. Als er aber sich umdrehen wollte, ob ein Schränklein in der Wand sei, fühlte er auf einmal neben sich etwas Lebendiges und Warmes, und das Warme und Lebendige bewegte sich auch.

Jetzt rief er: »Anton, Anton«, mit ängstlicher und leiser Stim-

me, daß der unsichere Schlafkamerad nicht aufwachen sollte, und derjenige, den er wecken wollte, war doch der Schlafkamerad. »Anton«, schrie er endlich in der Herzensangst, so laut er konnte. »Was befehlen Ihro Hochwürden«, erwiderte endlich der Anton. »Komm mir zu Hülfe! Es liegt einer neben mir.« — »Ich kann nicht, neben mir liegt auch einer«, erwiderte der Bediente und wollte sich strecken, so zwar, daß er mit dem linken Fuß unter des Herrn Kinn kam. »Anton, Anton«, rief der Herr, »meiner reißt mir den Kopf ab«, und suchte ebenfalls mit den Füßen eine Habung. »Meiner will mir die Nase aufschlitzen«, schrie noch viel ärger der Anton. »Wirf deinen hinaus«, schrie der Herr, »und komm mir zu Hülfe.« — Also faßte der Bediente seinen Mann an den Beinen, und dieser, als er Ernst sah, faßte er seinen Mann ebenfalls an den Beinen, und rangen also die beiden miteinander, daß keiner dem anderen konnte zu Hülfe kommen; und der Bediente fluchte wie ein Türk, der Herr aber fluchte zwar nicht, aber doch rief er die unsichtbaren Mächte an, sie sollten seinem Gegner den Hals brechen, was auch fast hätte geschehen können, denn auf einmal hörte unten der Wirt, der schon auf war, einen Fall, daß alle Fenster zitterten und der Perpendikel an der Wanduhr sich in die Ruhe stellte.

Als er aber geschwind, mit dem Licht und dem Hauptschlüssel hinaufgeeilt war, ob ein Unglück sich zugetragen habe, denn er kannte seinen Roten, lagen beide miteinander ringend auf dem Boden und schrien Zeter Mordio um Hülfe. Da lächelte der Wirt in seiner Art, als ob er sagen wollte, der Rote hat gut gewirkt, die gefährliche Entdeckung. Die beiden aber schauten einander mit Verwunderung und Staunen an. »Ich glaube gar, du bist es selbst, Anton«, sagte der Herr. »So, seid nur Ihr es gewesen«, erwiderte der Diener, und sie legten sich wieder, ein jeder in sein Bett, worein er gehörte.

Ein Säufertraum

PAUL SCHEERBART

Ich war im Traume betrunken
Und sah ein altes Kamel,
Das war zu Boden gesunken —
Es lachte — bei meiner Seel!

Und bald lag mein ganzes Genie
Neben dem lachenden Vieh.
Der Himmel lachte über mir,
Und ich trank immer noch für Vier.

Mein Kamel kam nicht zu kurz dabei;
Ich ließ es trinken fast für Drei.

Dies war meine schönste Zecherei;
Ich fühlte mich so groß und frei.

Ich trinke — bei meiner ewigen Seele! —
Nur noch mit einem alten Kamele.
Mit Menschen trinken ist der größte Kohl —
Kamele nur verstehn den Alkohol

An einem Rausch ist das schönste der
Augenblick, in dem er anfängt —,
und die Erinnerung an ihn.

KURT TUCHOLSKY

Der Rheinwein glänzt noch immer wie Gold
Im grünen Römerglase,
Und trinkst du etwelche Schoppen zu viel,
So steigt er dir in die Nase.

Heinrich Heine

Das Wirtshaus im Spessart

Kurt Tucholsky

Würzburg; Sonnabend. Die beiden Halbirren brechen frühmorgens in meine Appartements im ›Weißen Lamm‹. »Aufstehen! Polizei!« und »In dieser Luft kannst du schlafen?« Jakopp in einem neuen Anzug, greulich anzusehen, Karlchen, die Zähne fletschend und grinsend in einem Gemisch von falschem Hohn und Schadenfreude. Die seit einem Jahr angesagte, organisierte, verabredete, immer wieder aufgeschobene und endlich zustandegekommene Fußtour beginnt. Du großer Gott —

Abends. Wir hätten sollen nicht so viel Steinwein trinken. Aber das ist schwer: so etwas von Reinheit, von klarer Kraft, von aufgesammelter Sonne und sonnengetränkter Erde war noch nicht da. Und das war nur der offene, in Gläsern — wie wird das erst, wenn die gedrückten Flaschen des Bocksbeutels auf den Tisch gestellt werden ...! Oben auf der Festung ist ein Führer, der ›erklärt‹ die alte Bastei und macht sich niedlich, wie jener berühmte Mann auf der Papstburg in Avignon. Aber hier dieser feldwebelbemützte Troubadour singt denn doch ein anderes Lied: er sieht Friderikusn in jedem Baumhöcker, beschimpft die aufrührerischen Bauern wie weiland Luther und überhäuft einen Mann namens Florian Geyer mit Vorwürfen: der habe unten in der Ratsstube gesoffen, während die Bauern hier oben stürmen mußten. Das muß ich in den letzten Jahren schon einmal gehört haben. Der Brunnen ist so tief, daß ein angezündeter Fidibus ... wie gehabt. In der Burg liegt Landespolizei und kann auf das weite gewellte Land heruntersehn. Wir hätten sollen in der Gartenwirtschaft Steinwein trinken.

Ochsenfurt; Sonntag. Als die Uhr auf dem Rathaus sechs schlug, ließen wir die Würfel liegen und stürmten hinaus, um uns anzusehen, wie die Apostel ihre Köpfe heraussteckten, die Bullen gegeneinander anliefen und der Tod mit der Hippe nickte. Dann liefen wir aber sehr eilig wieder in die Wirtsstube, wo die Würfel auf dem Tisch plärrten, weil man sie allein gelassen hatte. Wenn wir nicht das Barock des Landes würdigen und, den geschichtlichen Spuren der großen historischen Ereignisse folgend, dieselben auf uns wirken lassen, dann würfeln wir. Wir spielen ›Lottchen guckt vom Turm‹, ›Hohe Hausnummer rasend‹ und ›Kastrierter Waldaffe‹ sowie die von mir erfundenen, schwereren Dessins: ›Nonnenkräpfchen‹, ›Gretchen bleibt der Kegel weg‹ und ›Das Echo im Schwarzwald‹. Wir müssen furchtbar aufpassen, weil mindestens immer einer mogelt. Ich würde nie mogeln, wenn es jemand merkt. Auch muß alles aufgeschrieben werden, damit nachher entschieden werden kann, wer den Wein bezahlt. Ich habe schon viermal bezahlt. Es ist eine teure Freundschaft.

Iphofen; Montag. Ich werde mich hüten, aufzuschreiben, wo wir gewesen sind. Als wir das erste Glas getrunken hatten, wurden wir ganz still. Karlchen hat eine ›Edelbeere-Trocken-Spät-

Auslese‹ erfunden, von der er behauptet, sie sei so teuer, daß nur noch Spinnweben in der Flasche ... aber dieser war viel schöner. Ein 21er, tief wie ein Glockenton, das ganz große Glück. (Säuferpoesie, Säuferleber, die Enthaltsamkeitsbewegung — Sie sollten, junger Freund ...) Das ganz große Glück. Das Glück wurde noch durch ein Glanzlicht überhöht: der Wirt hatte einen 17er auf dem Faß, der war hell und zart wie Frühsommer. Man wurde ganz gerührt; schade, daß man einen Wein nicht streicheln kann.

Iphofen ist ein ganz verschlafenes Nest, mit sehr aufgeregten Gänsen auf den Straßen, alten Häusern, einer begrasten Stadtmauer und einem ›Geologen und Magnetopathen‹. Habe Karlchen geraten, sich seine erdigen Fingernägel untersuchen zu lassen. Will aber nicht.

In Ochsenfurt, auf dem Wege hierher, haben wir am äußersten Stadtor einen Ratsdiener gesehen, der stand da und regelte den Verkehr. Die Ochsenkutscher, die Mist karrten, streckten den linken Arm heraus, wenn sie ans Tor kamen — hier muß eine schwere Seuche ausgebrochen sein, die sich besonders an Straßenecken bemerkbar macht. Schrecklich, die armen Leute! Das kommt davon, wenn sie auf dem Broadway den Verkehr regeln. Wir nehmen uns jeder zwei Flaschen von dem ganz großen Glück mit, um es unseren Lieben in der Heimat mitzubringen. Jeder hat noch eine Flasche.

Kloster Bronnbach; Mittwoch. Der Herbst tönt, und die Wälder brennen. Wir sind in Wertheim gewesen, wo der Main als ein Bilderbuchfluß dahinströmt, und wo die Leute mit einer Fähre übersetzen wie in einer Hebelschen Erzählung. Drüben, in Kreuzwertheim, war Gala-Pracht-Eröffnungs-Vorstellung des Welt-Zirkus. Vormittags durfte man die wilden Tiere ansehen: einen maßlos melancholischen Eisbären, der in einer vergitterten Schublade vor sich hinroch und schwitzte; etwas Leopard, und einen kleinen Panther, den die Zirkusjungfrau auf den Arm nahm, das Stück Wildnis. Da kratzte er. Und die Jungfrau sagte zur Wildnis: »Du falscher Fuffziga!« Das konnten wir nicht mitansehen, und da gingen wir fort.

Hier in Bronnbach steht eine schöne Kirche; darin knallt das Gold des alten Barock auf weißgetünchten Mauern. Ein alter Klosterhof ist da. Mönche und die bunte Stille des Herbstes. Wie schön müßte diese Reise erst sein, wenn wir drei nicht da wären!

Hier und da; Donnerstag. Große Diskussion, ob man eine Winzerin winzen kann. Miltenberg, Mespelbrunn und Heiligenbrücken: vergessen. In Wertheim aber stand an einem Haus ein Wahrspruch, den habe ich mir aufgeschrieben. Und wenn ich einst für meine Verdienste um die deutsche Wehrmacht geadelt werde, dann setze ich ihn mir ins Wappen. Er hieß: »Jeder hat ja so recht!«

Lichtenau; Sonnabend. Die Perle des Spessarts. Dies ist nicht das Wirtshaus im Spessart, das liegt in Rohrbrunn — aber wir benennen das um. Hier ist es richtig.

Unterwegs wurde Jakopp fußkrank; er taumelte beträchtlich, ächzte und betete zu merkwürdigen Gottheiten, auch sagte er unanständige Stammbuchverse auf, daß uns ganz angst wurde, denn wir haben eine gute Erziehung genossen. Wir waren froh, als wir ihn gesund nach Lichtenau gebracht hatten, den alten siechen Mitveteranen. Und als wir ins Gasthaus traten, siehe, da fiel unser Auge auf ein Schild:

»Autoverkehr! Automobil-Leichenwagen nach allen Richtungen«

Des freute sich unser Herz, und froh setzten wir uns zum Mahle. Der Wirt war streng, aber gerecht, nein, doch nicht ganz gerecht, wie sich gleich zeigen wird. Wir gingen ums Haus.

Dies ist eine alte Landschaft. Die gibt es gar nicht mehr; hier ist die Zeit stehengeblieben. Wenn Landschaft Musik macht: dies ist ein deutsches Streichquartett. Wie die hohen Bäume rauschen, ein tiefer Klang, so ernst sehen die Wege aus ... Die Steindachlinie des alten Hauses ist so streng — hier müßten altpreußische Reiter einreiten, etwa aus der Zeit Louis Ferdinands. Die Fenster sind achtgeteilt; um uns herum rauscht der abendliche Parkwald. Wir sitzen zu dritt auf einer Stange und bereden ernste Sachen. Dann gehen wir hinein.

... Wir schmecken einmal, zweimal, dreimal. »Dieser Wein«,

sage ich alter Kenner, »schmeckt nach Sonne.« — »Und nach dem Korken!« sagen die beiden andern gleichzeitig. Herr Wirt! Drohend naht er sich. Nun heißts Mut gezeigt! Auf und drauf!

»Herr Wirt ... es ist nämlich ... also: probieren Sie mal den Wein!« — Er weiß schon, was ihm blüht. Und redet in Zungen, ganz schnell. »Wo ist der Korks? Erst muß ich den Korks haben! Also zuerst den Korks!« Der ›Korks‹ wird ihm gereicht — er beriecht ihn, er schnuffelt an der Flasche, er trinkt den Wein und schmeckt ab; man kann es an seinen Augen sehen, in denen seltsame Dinge vorgehen. Urteil: ›Ich hab gleich gesehen, daß die Herren keine Bocksbeuteltrinker sind! Der Wein ist gut.« Berufung ... »Der Wein ist gut!« — Revision .. »... ist gut!« Raus.

Da sitzen wir nun. Ein mitleidiger Gast, der bei dem Wirte wundermild zur Kur weilt, sieht herüber. »Darf ich einmal versuchen —?« Er versucht. Und geduckten Rückens sagt dieser Feigling: »Mein Herren, der Wein schmeckt nicht nach dem Korken! Wenn er nach dem Korken schmeckt, dann möpselt es nach —!« Natürlich möpselt es. Wir hatten keine Ahnung, was das Wort bedeutete — aber es ging sofort in unsern Sprachschatz über. Jeder Weinkenner muß wissen, was ›möpseln‹ ist. Aus Rache, und um den Wirt zu strafen, trinken wir noch viele, viele Flaschen Steinwein, von allen Sorten, und alle, alle schmecken sie nach Sonne.

Trinkspruch

JOSEPH FREIHERR VON EICHENDORFF

Viel Essen macht viel breiter
Und hilft zum Himmel nicht,
Es kracht die Himmelsleiter,
Kommt so ein schwerer Wicht.
Das Trinken ist gescheiter,
Das schmeckt schon nach Idee,
Da braucht man keine Leiter,
Das geht gleich in die Höh'!

Wenn man nicht trinken kann,
Soll man nicht lieben;
Doch sollt ihr Trinker euch
Nicht besser dünken,
Wenn man nicht lieben kann,
Soll man nicht trinken.

JOHANN WOLFGANG VON GOETHE

Gespräch eines Betrunkenen
mit einem nüchternen Teufel

ANTON TSCHECHOW

Ein ehemaliger Beamter der Intendanturverwaltung, der Kollegiensekretär a. D. Lachmatow, saß daheim am Tisch beim sechzehnten Glas und dachte an die Freiheit, Gleichheit und Brüderlichkeit. Plötzlich schaute hinter der Lampe ein Teufel hervor... Erschrecken Sie nicht, liebe Leserin. Sie wissen, was ein Teufel ist? Das ist ein junger Mann von angenehmem Äußeren, mit einer pechschwarzen Visage und roten, ausdrucksvollen Augen. Auf dem Kopf trägt er, obwohl er gar nicht verehelicht ist, Hörner... Die Frisur à la Capoul. Sein Körper ist mit grüner Wolle bedeckt, und er stinkt nach Ziegenbock. An seinem Steiß baumelt ein Schwanz, der mit einer Quaste endet... Statt der Finger hat er Klauen, statt der Füße Pferdehufe. Lachmatow war, als er den Teufel erblickte, etwas verwirrt, aber dann fiel ihm ein, daß grüne Teufel die dumme Angewohnheit haben, allen Angetrunkenen zu erscheinen, und so beruhigte er sich schnell.

»Mit wem habe ich die Ehre?« wandte er sich an den ungebetenen Gast.

Der Teufel wurde verlegen und schlug die Augen nieder.

»Genieren Sie sich nicht«, fuhr Lachmatow fort. »Treten Sie ruhig näher... Ich bin ein Mensch ohne Vorurteile, und Sie können offen mit mir reden... von Mann zu Mann... Wer sind Sie?«

Der Teufel trat unschlüssig an Lachmatow heran, klemmte den Schwanz zwischen die Beine und verbeugte sich höflich.

»Ich bin ein Teufel«, stellte er sich vor. »Bekleide den Posten eines Beamten zu besonderer Verfügung bei Seiner Exzellenz, dem Direktor der Höllenkanzlei des Herrn Satan, persönlich!«

»Hab davon gehört, hab davon gehört... Sehr angenehm.

Setzen Sie sich! Möchten Sie auch ein Glas? Freut mich sehr...
Und womit beschäftigen Sie sich?«

Der Teufel wurde noch verlegener.

»Genaugenommen habe ich keine bestimmte Beschäftigung«,
antwortete er, hustete verwirrt und schneuzte sich in den »Rebus«. »Früher hatten wir tatsächlich zu tun... Wir führten die
Menschen in Versuchung... wir brachten sie ab vom Wege des
Guten... Jetzt aber ist diese Tätigkeit, entre nous soit dit, keinen
Pfifferling wert... Den Weg des Guten gibt es nicht mehr, wovon
also soll man die Menschen abbringen! Zudem sind sie schlauer
geworden als wir... Geruhen Sie mal jemanden in Versuchung zu
führen, wenn er an der Universität alle Wissenschaft absolviert
und durch Feuer, Wasser und eiserne Röhren gegangen ist! Wie
soll ich lehren, einen Rubel zu stehlen, wenn Sie schon ohne meine Hilfe Tausende geklaut haben?«

»So ist es... Aber Sie müssen sich doch mit irgend etwas beschäftigen?«

»Ja... Unsere ehemaligen Pflichten existieren jetzt vielleicht nur noch dem Namen nach, aber Arbeit haben wir trotzdem. Wir führen Lehrerinnen an Mädchengymnasien in Versuchung, verleiten junge Männer dazu, Verse zu schreiben, lassen besoffene Kaufleute Spiegel zerschlagen... In die Politik, die Literatur und die Wissenschaft mischen wir uns schon seit langem nicht mehr ein. Davon verstehen wir nicht die Bohne. Viele von uns arbeiten am ›Rebus‹ mit, es gibt sogar welche, die die Hölle verlassen haben und unter die Menschen gegangen sind. Sie sind Teufel a. D., sind Menschen geworden, haben reiche Kaufmannsfrauen geheiratet und leben jetzt vortrefflich. Manche von ihnen arbeiten als Rechtsanwälte, andere geben Zeitungen heraus, überhaupt sind das sehr fähige und geachtete Leute!«

»Entschuldigen Sie die zudringliche Frage: wie ist für Ihren Unterhalt gesorgt?«

»Unsere Situation ist die gleiche geblieben...«, antwortete der Teufel. »Das Budget hat sich in keiner Weise geändert... Der Staat zahlt wie früher Wohnung, Beleuchtung und Heizung... Gehalt bekommen wir nicht, weil wir alle außerplanmäßig geführt werden und weil jeder Teufel ehrenamtlich arbeitet... Überhaupt, wir leben, offen gestanden, schlecht, man könnte betteln gehn... Den Menschen ist es zu danken, daß wir gelernt haben, Schmiergelder zu nehmen, sonst wären wir schon in Massen krepiert... Wir erhalten uns nur von dergleichen Einnahmen... Man verlangt von den Sündern eben Provision, na, und steckt sie ein... Der Satan ist alt geworden, er fährt immer weg, um sich die Zucchi anzusehen, auf genaue Abrechnung kommt es ihm jetzt nicht mehr an...«

Lachmatow schenkte dem Teufel noch ein Glas ein. Der trank es aus und erzählte weiter. Er gab alle Geheimnisse der Hölle zum besten, schüttete sein Herz aus, weinte und gefiel Lachmatow so gut, daß er ihn sogar bei sich übernachten ließ. Der Teufel schlief im Ofen und phantasierte die ganze Nacht. Am Morgen war er verschwunden.

Kreisleriana

E.T.A. HOFFMANN

Man spricht soviel von der Begeisterung, die die Künstler durch den Genuß starker Getränke erzwingen — man nennt Musiker und Dichter, die nur so arbeiten können (die Maler sind von dem Vorwurf, soviel ich weiß, frei geblieben). — Ich glaube nicht daran — aber gewiß ist es, daß eben in der glücklichen Stimmung, ich möchte sagen, in der günstigen Konstellation, wenn der Geist aus dem Brüten in das Schaffen übergeht, das geistige Getränk den regeren Umschwung der Ideen befördert. — Es ist gerade kein edles Bild, aber mir kommt die Phantasie hier vor wie ein Mühlrad, welches der stärker anschwellende Strom schneller treibt — der Mensch gießt Wein auf, und das

Getriebe im Innern dreht sich rascher! — Es ist wohl herrlich, daß eine edle Frucht das Geheimnis in sich trägt, den menschlichen Geist in seinen eigensten Anklägen auf eine wunderbare Weise zu beherrschen. — Aber was in diesem Augenblick da vor mir im Glase dampft, ist jenes Getränk, das noch wie ein geheimnisvoller Fremder, der, um unerkannt zu bleiben, überall seinen Namen wechselt, keine allgemeine Benennung hat, und durch den Prozeß erzeugt wird, wenn man Kognak, Arrak oder Rum anzündet und auf einem Rost darüber gelegten Zucker hineinträufeln läßt. — Die Bereitung und der mäßige Genuß dieses Getränkes hat für mich etwas Wohltätiges und Erfreuliches. — Wenn so die blaue Flamme emporzuckt, sehe ich, wie die Salamander glühend und sprühend herausfahren und mit den Erdgeistern kämpfen, die im Zucker wohnen. Diese halten sich tapfer; sie knistern in gelben Lichtern durch die Feinde, aber die Macht ist zu groß, sie sinken prasselnd und zischend unter — die Wassergeister entfliehen, sich im Dampfe emporwirbelnd, indem die Erdgeister die erschöpften Sala-

mander herabziehen und im eignen Reiche verzehren; aber auch sie gehen unter, und kecke neugeborene Geisterchen strahlen in glühendem Rot herauf, und was Salamander und Erdgeist im Kampfe untergehend geboren, hat des Salamanders Glut und des Erdgeistes gehaltige Kraft. — Sollte es wirklich geraten sein, dem innern Phantasie-Rade Geistiges aufzugießen (welches ich doch meine, da es dem Künstler nächst dem rascheren Schwung der Ideen eine gewisse Behaglichkeit, ja Fröhlichkeit gibt, die die Arbeit erleichtert), so könnte man ordentlich rücksichts der Getränke gewisse Prinzipien aufstellen. So würde ich z. B. bei der Kirchenmusik alte Rhein- und Franzweine, bei der ernsten Oper sehr feinen Burgunder, bei der komischen Oper Champagner, bei Kanzonetten italienische feurige Weine, bei einer höchst romantischen Komposition, wie die des »Don Juan« ist, aber ein mäßiges Glas von eben dem von Salamander und Erdgeist erzeugten Getränk anraten! — Doch überlasse ich jedem seine individuelle Meinung und finde nur nötig, für mich selbst im stillen zu bemerken, daß der Geist, der von Licht und unterirdischem Feuer geboren, so keck den Menschen beherrscht, gar gefährlich ist, und man seiner Freundlichkeit nicht trauen darf, da er schnell die Miene ändert und statt des wohltuenden behaglichen Freundes, zum furchtbaren Tyrannen wird.

Das Erdbeben

GOTTHOLD EPHRAIM LESSING

Bruder, Bruder, halte mich!
Warum kann ich denn nicht stehen?
Warum kannst du denn nicht gehen?
Bruder geh, ich führe dich.

Sachte Bruder, stolperst du?
Was? Du fällst mir gar zur Erden?
Halt! ich muß dein Retter werden.
Nu? Ich falle selbst dazu?

Sieh doch Bruder! Siehst du nicht,
Wie die lockern Wände schwanken?

Sieh, wie Tisch und Flasche wanken!
Greif doch zu! das Glas zerbricht!

Himmel, bald, bald werden wir
Nicht mehr trinken, nicht mehr leben!
Fühlst du nicht? des Grunds Erbeben
Droht es Bruder mir und dir.

Limas Schicksal bricht herein!
Bruder, Bruder, wenn wir sterben,
Soll der Wein auch mit verderben?
Der auf heut bestimmte Wein?

Nein, die Sünde wag ich nicht.
Bruder, wolltest du sie wagen?
Nein, in letzten Lebenstagen
Tut man gerne seine Pflicht.

Sieh, dort sinket schon ein Haus!
Und hier auch! Nun muß man eilen!
Laß uns noch die Flasche teilen!
Hurtig! Hurtig! trink doch aus!

Wechsellied beim Wein

EDUARD MÖRIKE

Trink ich ihn, den Saft der Reben,
Gleich erwarmet meine Seele
Und beginnt in hellen Tönen
Einen Preisgesang der Musen.

Trink ich ihn, den Saft der Reben,
Alsbald streu ich meinen Kummer,
All mein Zweifeln, all mein Sorgen
In den Braus der Meereswinde.

Trink ich ihn, den Saft der Reben,
Läßt mich Bakchos, der des Scherzes
Bande löset, blumenatmend,
Süßberauscht im Tanze schwanken.

Trink ich ihn, den Saft der Reben,
Wind ich Blumen mir zu Kränzen,
Schmücke meine Stirne, singe
Von des Lebens stillem Glücke.

Trink ich ihn, den Saft der Reben,
Mag ich, schön von Salbe duftend
Und im Arm das Mädchen haltend,
Gerne von Kythere singen.

Trink ich ihn, den Saft der Reben,
Wie entzückt ein Kreis von Mädchen
Mich, wo volle, tiefe Becher
Erst mir Geist und Sinn erweitern!

Trink ich ihn, den Saft der Reben —
Mir vor Tausenden gewinn ich,
Was ich scheidend mit mir nehme;
Doch den Tod teil ich mit allen.

Trinklied

HAFIS

Schenke, bring den Quell der Jugend,
Zwei Pokale bring in Eile,
Voll von reinem Rebenblute,
Das den Schmerz der Liebe heile!

Bringe, was dem alten Zecher,
Was dem jungen schaffet Wonne!
Wein ist Sonne, Mond ist Becher,
Bring im halben Mond die Sonne!

Die Vernunft ist widerspenstig,
Ihrem Nacken bringe Schlingen!

Nasses Feuer sollst du schlagen,
Feuerwasser sollst du bringen!

Gib dem Trunknen Wein, und gänzlich
Werd ein Lump ich und ein Prasser!
Mag die Rose sich entfernen,
Reiner Wein ist Rosenwasser!

Wenn die Lieder auch verhallen,
Bringe mir ein Glas und klinge!
Klage nicht um Nachtigallen,
Barbiton und Geige bringe!

Gib den Schlaftrunk, denn im Schlafe
Wird mir ihr Genuß zuteile!
Sei es Tugend oder Laster,
Gib mir vollgemessen, eile!

An Hafis

FRIEDRICH NIETZSCHE

(Trinkspruch: Frage eines Wassertrinkers)

Die Schenke, die du dir gebaut,
ist größer als jedes Haus,
die Tränke, die du drin gebraut,
die trinkt die Welt nicht aus.
Der Vogel, der einst Phönix war,
der wohnt bei dir zu Gast,
die Maus, die einen Berg gebar,
die — bist du selber fast!

Bist alles und keins, bist Schenke und Wein,
bist Phönix, Berg und Maus,
fällst ewiglich in dich hinein,
fliegst ewig aus dir hinaus —
bist aller Höhen Versunkenheit,
bist aller Tiefen Schein,
bist aller Trunknen Trunkenheit
wozu, wozu d i r — Wein?

Das Geräusch des Korkens erinnert mich an das Hochgehen des Vorhangs bei einer Premiere, wenn nur Gott allein weiß, was uns da erwartet.

François Mauriac

Lorley extra cuvée

THOMAS MANN

Mein armer Vater war Inhaber der Firma Engelbert Krull, welche die untergegangene Sektmarke »Lorley extra cuvée« erzeugte. Unten am Rhein, nicht weit von der Landungsbrücke, lagen ihre Kellereien, und nicht selten trieb ich mich als Knabe in den kühlen Gewölben umher, schlenderte gedankenvoll die steinernen Pfade entlang, welche in die Kreuz und Quere zwischen den hohen Gestellen hinführten, und betrachtete die Heere von Flaschen, die dort in halbgeneigter Lage übereinandergeschichtet ruhten. Da liegt ihr, dachte ich bei mir selbst (wenn ich auch meine Gedanken natürlich noch nicht in so treffende Worte zu fassen wußte), da liegt ihr in unterirdischem Dämmerlicht, und in euerem Innern klärt und bereitet sich still der prickelnde Goldsaft, der so manchen Herzschlag beleben, so manches Augenpaar zu höherem Glanze erwecken soll! Noch seht ihr kahl und unscheinbar, aber prachtvoll geschmückt werdet ihr eines Tages zur Oberwelt aufsteigen, um bei Festen, auf Hochzeiten, in Sonderkabinetten eure Pfropfen mit übermütigem Knall zur Decke zu schleudern und Rausch, Leichtsinn und Lust unter den Menschen zu verbreiten. Ähnlich sprach der Knabe; und so viel wenigstens war richtig, daß die Firma Engelbert Krull auf das Äußere ihrer Flaschen, jene letzte Ausstattung, die man fachmännisch die Coiffure nennt, ein ungemeines Gewicht legte. Die gepreßten Korke waren mit Silberdraht und vergoldetem Bindfaden befestigt und mit purpurrotem Lack übersiegelt, ja ein feierliches Rundsiegel, wie man es an Bullen und alten Staatsdokumenten sieht, hing an einer Goldschnur noch besonders herab; die Hälse waren reichlich mit glänzendem Stanniol umkleidet, und auf den Bäuchen prangte ein golden umschnörkeltes Etikett, das mein Pate Schimmelpreester für die Firma entworfen hatte und worauf außer mehreren Wappen

und Sternen, dem Namenszuge meines Vaters und der Marke »Lorley extra cuvée« in Golddruck eine nur mit Spangen und Halsketten bekleidete Frauengestalt zu sehen war, welche, mit übergeschlagenem Beine auf der Spitze eines Felsens sitzend, erhobenen Armes einen Kamm durch ihr wallendes Haar führte. Übrigens scheint es, daß die Beschaffenheit des Weines dieser blendenden Aufmachung nicht vollkommen entsprach. »Krull«, mochte mein Pate Schimmelpreester wohl zu meinem Vater sagen, »Ihre Person in Ehren, aber Ihren Champagner sollte die Polizei verbieten. Vor acht Tagen habe ich mich verleiten lassen, eine halbe Flasche davon zu trinken, und noch heute hat meine Natur sich nicht von diesem Angriff erholt. Was für Krätzer verstechen Sie eigentlich zu diesem Gebräu? Ist es Petroleum oder Fusel, was Sie bei der Dosierung zusetzen? Kurzum, das ist Giftmischerei. Fürchten Sie die Gesetze!« Hierauf wurde mein armer Vater verlegen, denn er war ein weicher Mensch, der scharfen Reden nicht standhielt. »Sie haben leicht spotten, Schimmelpreester«, versetzte er wohl, indem er nach seiner Gewohnheit mit den

Fingerspitzen zart seinen Bauch streichelte, »aber ich muß billig herstellen, weil das Vorurteil gegen die heimischen Fabrikate es so will — kurz, ich gebe dem Publikum, woran es glaubt. Außerdem sitzt die Konkurrenz mir im Nacken, lieber Freund, so daß es kaum noch zum Aushalten ist.« Soweit mein Vater.

Unsere Villa gehörte zu jenen anmutigen Herrensitzen, die, an sanfte Abhänge gelehnt, den Blick über die Rheinlandschaft beherrschen. Der abfallende Garten war freigebig mit Zwergen, Pilzen und allerlei täuschend nachgeahmtem Getier aus Steingut geschmückt; auf einem Postament ruhte eine spiegelnde Glaskugel, welche die Gesichter überaus komisch verzerrte, und auch eine Äolsharfe, mehrere Grotten sowie ein Springbrunnen waren da, der eine kunstreiche Figur von Wasserstrahlen in die Lüfte warf und in dessen Becken Silberfische schwammen. Um nun von der inneren Häuslichkeit zu reden, so war sie nach dem Geschmack meines Vaters sowohl lauschig wie heiter. Trauliche Erkerplätze luden zum Sitzen ein, und in einem davon stand ein wirkliches Spinnrad. Zahllose Kleinigkeiten: Nippes, Muscheln, Spiegelkästchen und Riechflakons waren auf Etageren und Plüschtisch-chen angeordnet; Daunenkissen in großer Anzahl, mit Seide oder vielfarbiger Handarbeit überzogen, waren überall auf Sofas und Ruhebetten verteilt, denn mein Vater liebte es, weich zu liegen; die Gardinenträger waren Hellebarden, und zwischen den Türen waren jene luftigen Vorhänge aus Rohr und bunten Perlen-schnüren befestigt, die scheinbar eine feste Wand bilden und die man doch, ohne eine Hand zu heben, durchschreiten kann, wo-bei sie sich mit einem leisen Rauschen oder Klappern teilen und wieder zusammenschließen. Über dem Windfang war eine kleine, sinnreiche Vorrichtung angebracht, die, während die Tür, durch Luftdruck aufgehalten, langsam ins Schloß zurücksank, mit fei-nem Klingen den Anfang des Liedes »Freut euch des Lebens« spielte.

Rheinische Nacht

GUILLAUME APOLLINAIRE

Mein Glas ist voller Wein und zittert wie ein Licht.
Hört an, wie träge da sein Lied ein Schiffer singt:
Der Frauen sieben sah er in dem Mondenlicht,
Sah flechten sie ihr Haar, das grün und lang sie
schlingt.

Steht auf, singt lauter mir und tanzet froh umher,
Daß ich nicht höre, wie sein Lied der Schiffer singt.
Bringt alle Mädchen mir, die Blonden, die beringt
Von schweren Flechten sind, und setzt sie um mich
her;

Denn trunken ist der Rhein, drin mit der goldnen Nacht
Der Weinberg einfällt wie ein jäh erschauernd Blatt,
Und doch die Stimme noch, so trägt und sterbensmatt,
Und auch die grünen Feen, in schwerer Sommernacht ...

Zerbrochen ist mein Glas, als hätt es laut gelacht.

Der Wein steigt in das Gehirn,
macht es sinnig, schnell und erfinderisch,
voll von feurigen und schönen Bildern.

WILLIAM SHAKESPEARE

Verklärter Herbst

GEORG TRAKL

Gewaltig endet so das Jahr
Mit goldnem Wein und Frucht der Gärten.
Rund schweigen Wälder wunderbar
Und sind des Einsamen Gefährten.

Da sagt der Landmann: Es ist gut.
Ihr Abendglocken lang und leise
Gebt noch zum Ende frohen Mut.
Ein Vogelzug grüßt auf der Reise.

Es ist der Liebe milde Zeit.
Im Kahn den blauen Fluß hinunter
Wie schön sich Bild an Bildchen reiht —
Das geht in Ruh und Schweigen unter.

Wein und Brot

IGNAZIO SILONE

»Die einzige Verwandtschaft, die noch für mich zählt«, sagte Pietro, »ist die Verwandtschaft der Seelen. So wie die, die eben zwischen uns beiden entstanden ist.«

Margherita war nachdenklich geworden.

»Das begreife ich«, sagte sie. »Es stimmt, was du eben gesagt hast, und ich empfinde das Gleiche für dich. Hör zu, Pietro, ich will dir einen Vorschlag machen.«

Sie erhob sich und strich ihre Haare glatt. Dann streckte sie ihm die Hand hin und half ihm beim Aufstehen.

»Laß uns auseinandergehen, ohne daß etwas geschehen ist. Nach dem, was du mir eben gesagt hast, kommt es mir richtiger vor. Du bist einverstanden, nicht wahr? Das ist gut.«

Es entstand eine kleine Pause.

»Aber was sehe ich?« fuhr sie dann fort. »Du hast ja noch gar nicht meinen Wein versucht.«

Pietro hob die Flasche und tat einen langen Schluck.

»Der Wein ist stark«, sagte er. »Trink du auch.«

Margherita stand ihm nicht nach. Der Wein gurgelte im Flaschenhals, und das Bächlein murmelte dazu. Das harmonische Duett dauerte an, bis kein Tropfen Wein mehr übrig war.

»Wieviel war in der Flasche?« fragte Pietro.

»Drei Liter«, sagte Margherita. »Jetzt muß ich gehen.«

»Ich begleite dich bis zum Obstgarten«, sagte Pietro.

»Das wäre zu unvorsichtig«, sagte Margherita. »Unser Hund ist nachts nicht an der Kette, und er könnte dir folgen.«

Sie trennten sich, ohne einander Lebewohl oder auf Wiedersehen zu sagen. Erst als Pietro sie am Ende des Fußweges verschwinden sah, überkam ihn eine große Traurigkeit. Er setzte sich ins Gras und begann zu weinen. Seine Rückkehr zum Heuboden war aus anderen Gründen recht mühselig. Irgendein

Dummkopf hatte während seiner Abwesenheit den Stall umge-
baut. Die Tür, zum Beispiel, befand sich an einer anderen Stelle und war verkleinert worden, und die Leiter zum Heuboden
war einfach unauffindbar. Auch die Sonne ging diesmal früher
auf als gewöhnlich, noch ehe Pietro seinen Rausch ausgeschla-
fen hatte. Cardile fand ihn zusammengerollt im Futtertrog liegen.

»Was machst du denn hier unten?« fragte er. »Warum hast du
nicht oben im Stroh geschlafen?«

Pietro rieb sich die Augen.

»Oben war eine riesige Ratte«, sagte er. »Nicht daß ich etwa
Angst vor ihr gehabt hätte; ich hatte nur keine Lust, mich mit
ihr zu unterhalten.«

»Der Wein, den ich dir gestern gebracht habe, ist dir tüchtig
zu Kopf gestiegen«, sagte Cardile lachend.

Er putzte eilig die Tiere und stieg dann die Leiter hinauf, um
den täglichen Bedarf an Stroh zu holen. Pietro versuchte indessen, ein rätselhaftes Schreiben von Nunzio zu entziffern, aber er

wurde bei dieser schwierigen Arbeit durch Ausrufe des Erstaunens unterbrochen, die von oben hörbar wurden.

»Ist denn das möglich?« rief Cardile. »Wie Merkwürdig, ich kann meinen Augen nicht mehr trauen.«

Er stieg in aller Eile die Leiter hinunter. In der Hand hielt er die Strohflasche, die er am Abend vorher mitgebracht hatte. Die Flasche war voll.

»Womit hast du dir gestern abend deinen Rausch angetrunken, wenn die Flasche noch unberührt ist?« fragte Cardile.

Auch Pietro war erstaunt, aber nicht für lange, dank seiner angeborenen Neigung, die seltsamen Erscheinungen der Natur mit Gleichmut hinzunehmen.

Wer als Wein- und Weiberhasser
jedermann im Wege steht,
der esse Brot und trinke Wasser
bis er daran zugrunde geht.

WILHELM BUSCH

133

Die Nase des Trinkers

JEAN LE HOUX

Schöne Nase, hellen Weines manche weitgebauchten Pippen
Leerten wir zu deinem Frommen,
Und so manche Kanne Roten mußten wir hinunterkippen,
Eh uns dein Rubin entglommen.

Dicke Nase, ach wie herrlich hinter einem vollen Humpen
Deine Purpurrose winkt;
Denn du gleichest nicht der Nase eines Schluckers oder Lumpen,
Der nur klares Wasser trinkt.

Eines Truthahns Kehlgebräme kann nicht stolzentflammter
Und gar viele reiche Leut   [prahlen;
Haben nicht so reiche Nase! Doch um dich perfekt zu malen,
Braucht es freilich lange Zeit.

Und zum Farbtopf dient der Becher, draus man dich mit tief-
Zügen kühn illuminiert;   [und langen
Mit dem allerbesten Tropfen wirst du, wie die Kirschen hangen,
Rot und röter stets geziert.

Sagt man wohl: es schadt den Augen! Sollen die als Herrn
Wein treibt alle Übel aus.   [regieren?
Lieber will ich unterm Giebel die zwei Fenster noch verlieren
Als vielleicht das ganze Haus!

Rechtfertigung

EDUARD MÖRIKE

Die schwarze Erde trinket;
So trinken sie, die Bäume,
Es trinkt das Meer die Ströme;
Die Sonne trinkt die Meere,
Der Mond sogar die Sonne;
Was wollt ihr doch, o Freunde,
Das Trinken mir verbieten?

Man kann, wenn wir es überlegen,
Wein trinken fünf Ursachen wegen:
Einmal um eines Festtags willen,
Sodann vorhandnen Durst zu stillen,
Ingleichen künftigen abzuwehren,
Ferner dem guten Wein zu Ehren,
Und endlich um jeder Ursach willen.

WILHELM BUSCH

Herbst entbrennt

FRANÇOIS VILLON

Herbst entbrennt im letzten Flore,
Und du hast mich heut verlassen.
Frierend erst im Kirchenchore
Strolch ich einsam durch die Gassen.

Durch die Hosen pfeifen Winde;
Meine hohlen Zähne klappern.
Mit charmantem Hökerkinde
Hör ich Polizisten plappern.

Klamm sind meine roten Hände,
Sie vermögen kaum zu schreiben:
Daß der Sommer nun zu Ende ...
Daß selbst Dirnen mir nicht bleiben ...

In verräucherter Taverne
Sitz ich weinend nun beim Weine.
Fange Fliegen. Träume Sterne.
Und ich bin so ganz alleine ...

Weinlust

JOHANN WOLFGANG VON GOETHE

Alles drängte sich nun gegen die Kapelle und strebte zu derselben hinein. Wir, durch die Woge seitwärts geschoben, verweilten im Freien, um an der Rückseite des Hügels der weiten Aussicht zu genießen, die sich in das Tal eröffnet, in welchem die Nahe ungesehen heranschleicht. Hier beherrscht ein gesundes Auge die mannigfaltigste, fruchtbarste Gegend, bis zu dem Fuße des Donnersbergs, dessen mächtiger Rücken den Hintergrund majestätisch abschließt.

Nun wurden wir aber sogleich gewahr, daß wir uns dem Lebensgenusse näherten. Gezelte, Buden, Bänke, Schirme aller Art standen hier aufgereiht. Ein willkommener Geruch gebratenen Fettes drang uns entgegen. Beschäftigt fanden wir eine junge tätige Wirtin, umgehend einen glühenden weiten Aschenhaufen, frische Würste — sie war eine Metzgerstochter — zu braten. Durch eigenes Handreichen und vieler flinker Diener unablässige Bemühung wußte sie einer solchen Masse von zuströmenden Gästen genug zu tun.

Auch wir, mit fetter dampfender Speise nebst frischem trefflichem Brot reichlich versehen, bemühten uns, Platz an einem geschirmten, langen, schon besetzten Tische zu nehmen. Freundliche Leute rückten zusammen, und wir erfreuten uns angenehmer Nachbarschaft, ja liebenswürdiger Gesellschaft, die von dem Ufer der Nahe zu dem erneuten Fest gekommen war. Muntere Kinder tranken Wein wie die Alten. Braune Krüglein, mit weißem Namenszug des Heiligen, rundeten im Familienkreise. Auch wir hatten dergleichen angeschafft und setzten sie wohlgefüllt vor uns nieder.

Da ergab sich nun der große Vorteil solcher Volksversammlung, wenn, durch irgendein höheres Interesse, aus einem großen, weitschichtigen Kreise, so viele einzelne Strahlen nach einem Mittelpunkt gezogen werden.

Hier unterrichtet man sich auf einmal von mehreren Provinzen. Schnell entdeckte der Mineralog Personen, welche, bekannt mit der Gebirgsart von Oberstein, den Achaten daselbst und ihrer Bearbeitung, dem Naturfreunde belehrende Unterhaltung gaben. Der Quecksilberminern zu Moschel-Landsberg erwähnte man gleichfalls. Neue Kenntnisse taten sich auf, und man faßte Hoffnung, schönes kristallisiertes Amalgam von dorther zu erhalten.

Der Genuß des Weins war durch solche Gespräche nicht unterbrochen. Wir sendeten unsere leeren Gefäße zu dem Schenken, der uns ersuchen ließ Geduld zu haben, bis die vierte Ohm angesteckt sei. Die dritte war in der frühen Morgenstunde schon verzapft.

Niemand schämt sich der Weinlust, sie rühmen sich einigermaßen des Trinkens. Hübsche Frauen gestehen, daß ihre Kinder mit der Mutterbrust zugleich Wein genießen. Wir fragten, ob denn wahr sei, daß es geistlichen Herren, ja Kurfürsten geglückt, acht rheinische Maß, das heißt sechzehn unserer Bouteillen, in vierundzwanzig Stunden zu sich zu nehmen.

Ein scheinbar ernsthafter Gast bemerkte: man dürfe sich, zu Beantwortung dieser Frage, nur der Fastenpredigt ihres Weihbischofs erinnern, welcher, nachdem er das schreckliche Laster der Trunkenheit seiner Gemeinde mit den stärksten Farben dargestellt, also geschlossen habe:

»Ihr überzeugt euch also hieraus, andächtige, zu Reu und Buße schon begnadigte Zuhörer, daß derjenige die größte Sünde begehe, welcher die herrlichen Gaben Gottes solcherweise mißbraucht. Der Mißbrauch aber schließt den Gebrauch nicht aus. Stehet doch geschrieben: der Wein erfreuet des Menschen Herz! Daraus erhellet, daß wir, uns und andere zu erfreuen, des Weines gar wohl genießen können und sollen. Nun ist aber unter meinen männlichen Zuhörern vielleicht keiner, der nicht zwei Maß Wein zu sich nähme, ohne deshalb gerade einige Verwirrung seiner Sinne zu spüren; wer jedoch bei dem dritten oder vierten Maß schon so arg in Vergessenheit seiner selbst gerät, daß er Frau und Kinder verkennt, sie mit Schelten, Schlägen und Fußtritten verletzt und seine Geliebtesten als die ärgsten Feinde behandelt, der gehe sogleich in sich und unterlasse ein solches Übermaß,

welches ihn mißfällig macht Gott und Menschen, und seinesgleichen verächtlich.

Wer aber bei dem Genuß von vier Maß, ja von fünfen und sechsen, noch dergestalt sich selbst gleich bleibt, daß er seinem Nebenchristen liebevoll unter die Arme greifen mag, dem Hauswesen vorstehen kann, ja die Befehle geistlicher und weltlicher Obern auszurichten sich imstande findet, auch der genieße sein bescheiden Teil und nehme es mit Dank dahin. Er hüte sich aber, ohne besondere Prüfung weiter zu gehen, weil hier gewöhnlich dem schwachen Menschen ein Ziel gesetzt ward. Denn der Fall ist äußerst selten, daß der grundgütige Gott jemanden die besondere Gnade verleiht, acht Maß trinken zu dürfen, wie er mich, seinen Knecht, gewürdigt hat. Da mir nun aber nicht nachgesagt werden kann, daß ich in ungerechtem Zorn auf irgend jemand losgefahren sei, daß ich Hausgenossen und Anverwandte mißkannt oder wohl gar die mir obliegenden geistlichen Pflichten und Geschäfte verabsäumt hätte, vielmehr ihr alle mir das Zeugnis geben werdet, wie ich immer bereit bin, zu Lob und Ehre Gottes, auch zu Nutz und

Vorteil meines Nächsten mich tätig finden zu lassen: so darf ich wohl mit gutem Gewissen und mit Dank dieser anvertrauten Gabe mich auch fernerhin erfreuen.

Und ihr, meine andächtigen Zuhörer, nehme ein jeder, damit er nach dem Willen des Gebers am Leibe erquickt, am Geiste erfreut werde, sein bescheiden Teil dahin. Und, auf daß ein solches geschehe, alles Übermaß dagegen verbannt sei, handelt sämtlich nach der Vorschrift des heiligen Apostels, welcher spricht: ›Prüfet alles und das Beste behaltet.‹« Und so konnte es denn nicht fehlen, daß der Hauptgegenstand alles Gesprächs der Wein blieb, wie er es gewesen. Da erhebt sich denn sogleich ein Streit über den Vorzug der verschiedenen Gewächse, und hier ist erfreulich zu sehen, daß die Magnaten unter sich keinen Rangstreit haben. Hochheimer, Johannisberger, Rüdesheimer lassen einander gelten, nur unter den Göttern minderen Ranges herrscht Eifersucht und Neid. Hier ist denn besonders der sehr beliebte Aßmannshäuser Rote vielen Anfechtungen unterworfen. Einen Weinbergbesitzer von Oberingelheim hört ich behaupten: der ihrige gebe jenem wenig nach. Der

Eilfer solle köstlich gewesen sein, davon sich jedoch kein Beweis führen lasse, weil er schon ausgetrunken sei. Dies wurde von den Beisitzenden gar sehr gebilligt, weil man rote Weine gleich in den ersten Jahren genießen müsse.

Nun rühmte dagegen die Gesellschaft von der Nahe einen in ihrer Gegend wachsenden Wein, der Monzinger genannt. Er soll sich leicht und angenehm wegtrinken, aber doch, ehe man sich's versieht, zu Kopfe steigen. Man lud uns darauf ein. Er war zu schön empfohlen, als daß wir nicht gewünscht hätten, in so guter Gesellschaft, und wäre es mit einiger Gefahr, ihn zu kosten und uns an ihm zu prüfen.

Auch unsere braunen Krüglein kamen wiederum gefüllt zurück, und als man die heiteren weißen Namenszüge des Heiligen überall so wohltätig beschäftigt sah, mußte man sich fast schämen, die Geschichte desselben nicht genau zu wissen, ob man gleich sich recht gut erinnerte, daß er, auf alles irdische Gut völlig verzichtend, bei Wartung von Pestkranken auch sein Leben nicht in Anschlag gebracht habe.

Liebeslied an die Weinflasche

EWALD CHRISTIAN VON KLEIST

O Flasche, voll vom Saft der rheinischen Traube,
Du Schmuck der Welt!
Beglückt ist der, der in der Rosenlaube
Im Arm dich hält!

Nun du mich liebst, ist gut und schlimm Geschicke
Mir gänzlich gleich;
Du bist mein Trost, mein Leben, Ruh und Glücke,
Und Himmelreich.

Wenn andre sich in Grausame vergaffen,
O wie lach ich

Der Thoren! Du bist für mein Herz erschaffen,
Und ich für dich.

Du stärkst den Mut und führest Himmels-Freuden
In meine Brust.
Des Wassers Freund muß Pein und Schwermut leiden,
Und missen Lust.

Fiel Adam wohl, der Trauben gnug verschlucket,
Dadurch in Not?
Der Biß in Frucht, aus der man Cider drucket,
Verdiente Tod.

Bleib mir forthin, was du mir stets gewesen,
Mein Ruhm und Heil!
Dich hab ich mir aus einer Welt erlesen,
Zum besten Theil.

Und sterb ich einst, so wein auf meine Asche,
Und schluchz betrübt:
Hier ruhet der, der mich gekränkte Flasche
Getreu geliebt.

Im Weinhausgarten

JOACHIM RINGELNATZ

Es funkelt ein Weinchen.
Landwein oder Edelwein.
Es blitzt ein Steinchen,
Sandstein oder Edelstein.
Es schimmert unter feuchten
Wimpern wie Wiederbelebung.
Auch Schatten leuchten
In schwärzrer Umgebung.
Es strahlen aus Lampenlicht
Widerscheinchen kreuz und quer.

Es ist in jedem Gesicht ein schönes Gesicht,
Manchmal erkennt man's nicht mehr.

Weine sind wie eine Frau — unbeständig, zurückhaltend und schwer zufriedenzustellen. Wann immer man sie öffnet, riskiert man enttäuscht zu werden, sind sie aber in Form — und das sind sie bei guter Pflege meistens — welche Wonnen!

PHILIPPE DE ROTHSCHILD

Ohne ...

VICTOR AUBURTIN

Meinem Arzt ist es jetzt gelungen, mir das Trinken abzugewöhnen; aber leicht habe ich ihm diese Bekehrung nicht gemacht.

Er fing damit an, mir zu erklären, daß bei fortgesetztem Alkoholgenuß mein Gehirn verkümmern würde. Ich erwiderte ihm darauf, erstens, daß mein Gehirn schon längst verkümmert sei, zweitens, daß ich kein Gehirn brauche. Wir Dichter schaffen aus dem Instinkt heraus, und schon Plato hat — im größeren »Hippias« — bewiesen, daß für den Dichter der Besitz eines Gehirns überflüssig, wenn nicht gar schädlich sei. Aber als der Arzt mir ausrechnete, daß ich mir in drei Monaten ein kleines zweisitziges Automobil kaufen könnte, wenn ich gar nichts tränke, da bin ich

Antialkoholiker geworden. Und nun weiß ich also, wie einem Antialkoholiker zumute ist.

Das erste, was auffällt, ist, wie merkwürdig lang die Abende werden. Bis jetzt war das alles nämlich ganz harmonisch eingeteilt: um sieben Uhr fing der erste Schoppen Weißwein an; dann ins Kino zu einer Diva; um neun Uhr konnte zum Pschorr übergegangen werden, und schließlich endete alles in dem holden Lichtergeflimmer unzählbarer Kognaks, Steinhäger und Kümmel.

Jetzt sitze ich von sieben Uhr ab am Schreibtisch, lese Spenglers »Untergang des Abendlandes« und trinke Baldriantee.

Kürzlich war ich bei Freunden, die ein Nachtfest veranstalteten; sie tranken von zehn Uhr abends bis zwei Uhr morgens Pfirsichbowle und waren alle außerordentlich aufgelegt und geistreich. Währenddessen saß ich bei einem Glas eiskalten Wassers und blieb ernst; ich versuchte immer das Gespräch auf den »Untergang des Abendlandes« zu bringen, aber niemand wollte darauf eingehen.

Unzweifelhaft ist die Enthaltsameit von höchstem medizinischem und hygienischem Wert; bedauerlich ist nur, daß man ganz furchtbar nervös wird. Ein Bekannter riet mir, ich sollte es doch einmal mit Morphiumspritzen versuchen. Es sei nur zu Anfang schwer, nachher gewöhne man sich schnell daran. Wenn der Antialkoholismus nur noch acht Tage dauert, werde ich also wohl zu diesen Spritzen übergehen müssen.

Das Trinken ist fast das letzte Vergnügen,
das uns die Jahre nehmen.

MICHEL DE MONTAIGNE

Der philosophische Trinker

GOTTHOLD EPHRAIM LESSING

Mein Freund, der Narr vom philosoph'schen Orden,
Hat sich bekehrt, und ist ein Trinker worden.
Er zecht mit mir und meinen Brüdern,
Und fühlet schon in unsern Liedern
Mehr Weisheit, Witz und Kraft,
Als Jacob Böhm und Newton schafft.
Doch bringt er seine spitz'gen Fragen,
Die minder als sie sagen, sagen,
Noch dann und wann hervor,
Und plagt mit Schlüssen unser Ohr.
Jüngst fragt er mich am vollen Tische,

Warum wohl in der Welt der Fische,
In Flüssen und im Meer,
Nicht Wein statt Wassers wär?
»Ohn Ursach«, sprach er, »kann nichts sein.«
Die Antwort fiel mir schwer;
Ich dachte hin und her,
Doch endlich fiel mir's ein.
»Die Ursach ist leicht zu erdenken«,
Sprach ich mit aufgestemmtem Arm.
»Und welche?« schrie der ganze Schwarm.
»Damit, wenn Esel davon tränken,
Die Esel, nur verdammt zu Bürden,
Nicht klüger als die Menschen würden.«
»Die Antwort«, schrie man, »läßt sich hören.
Drum trinket eins der Weltweisheit zu Ehren!«

Burgunder Lagen

JANE KRAMER

Wer Wein liebt, liebt das Burgund, oder behauptet, das Burgund zu lieben, oder zumindest weiß er, daß es Kennzeichen eines weltgewandten Weinliebhabers ist, das Burgund zu lieben. Die Leute aus dem Burgund glauben, daß die Kelten das heutige Autun gegründet haben, um in der Nähe ihrer Weinberge zu sein, und daß die Römer aus demselben Grund an dieser Stelle eine große Stadt bauten. Als Schulkind hat Armande alles über die Römer im Burgund gelesen. Sie mochte die Römer viel lieber als die Merowinger und Karolinger, die später das Burgund beherrschten. Sie hegt den Verdacht, daß — wie die Deutschen nun einmal sind — diese fränkischen Sippen nicht so viel anders waren als die Kunden aus Stuttgart und Köln, die zu jeder Tages- und Nachtzeit ihren Wein verkosten wollen, um dann, wenn sie sich auf ihre Kosten betrunken haben, zu gehen, ohne etwas gekauft zu haben. Sie unterstellt, daß die alten Franken roh und nur auf Besitz aus waren, daß sie sich mehr für ihre Beute interessierten als für die traditionelle burgundische Kunst des Weinbaus und Kelterns. Immer wieder fragen die Leute Armande, wie man sich fühle, wenn einem solch geschichtsträchtiges Land anbefohlen sei. Sie wollen wissen, was sie von den Römern und Merowingern in ihrem Garten hält oder von jenen Weinbergen, die Petrarch im Sinn hatte, als er versuchte, den Papst von Avignon zur Heimkehr zu überreden, weil es ein schrecklich Ding sei, einer unheiligen Vorliebe für das Burgund wegen, die Kirche von Rom entfernt zu halten. Petrarch hatte nichts übrig für Leute wie Urban V., der ohne das Burgund nicht leben wollte — qui beatam sine Beuna vitam agi posse diffidunt —, und Armande teilt Petrarchs Auffassung. Sie liebt es, zu betonen, daß sie gut zurechtkomme mit ihrem belgischen Bier, etwas Elsässer Tafelwein und einem gelegentlichen

Glas Bordeaux. Und wenn sie sich schon für einen Burgunder entscheiden müsse, gebe sie einem guten Echézeaux allemal den Vorzug vor ihrem eigenen Pommard, den die meisten Menschen wundervoll finden, der aber für ihren Geschmack zu aggressiv ist, etwas für Belgier und Deutsche. Mag sein, daß sie, die keine Erben, kein Anliegen und niemanden zu beerben hat, die geschichtlichen Ereignisse und mithin auch ihr eigenes Versagen, für eine neue Generation von Weinbauern zu sorgen, als erledigt betrachtet. Sie ist leidenschaftlich, wenn es um ihr Land geht, aber der Umstand, daß auf diesem Land seit zweitausend Jahren Wein angebaut wird, belastet sie nicht im geringsten. Sie führt sich längst nicht so weihevoll auf wie die Weinhändler und -kritiker, die ihre caves besuchen, gurgeln und schnüffeln, um ihren 1983er Volnay mit dem 1985er zu vergleichen oder die Qualität ihrer beiden neuen Monthelie Premiers Crus zu diskutieren — des Monthelie-Duresses und des Monthelie-Le Meix Bataille —, und dabei beständig hoffen, einen der 49er aus der kleinen cave, in der sie ihre privaten Vorräte aufbewahrt, kosten zu dürfen.

Armande trinkt gern. Etwa eine Flasche Wein am Tag, sagt sie, aber dafür steigt sie nicht etwa hinab in ihre caves, um sich einen 1959er Volnay oder einen 1978er Monthelie auszusuchen. Jeden Abend gegen sechs öffnet sie das Fenster und ruft zu Francis hinunter, er solle die offenen Flaschen von den Proben des Tages heraufbringen. Dann gießt sie die Reste in einen einfachen Krug, rührt kräftig um und füllt ihr Glas. Sie nennt das ihren petit cocktail.

Dem Trockenen macht
Gott alles schwer.

HORAZ

Eine halbe Nacht lang, während ich Wein trank
schrie aus dem Maulbeerbaum
ein Käuzchen ins Fenster.
Ich ließ die Lampe hell
bis in den Morgen, freute mich
allein und erwachsen zu sein.

CHRISTOPH MECKEL

Guillaume Apollinaire: Dichtungen. Ausgewählt und herausgegeben von Flora Klee-Palyi. Deutsch von Hans Georg Brenner., Wiesbaden: © 1953 Limes Verlag in der F. A. Herbig Verlagsbuchhandlung GmbH, München.

Victor Auburtin: Sündenfälle, München: Langen/Müller 1970.

Charles Baudelaire: Die Blumen des Bösen. Kleine Gedichte in Prosa, München: Winkler 1979.

Wilhelm Busch: Gedichte und Prosa, Zürich: Manesse [3]1988.

Miguel de Cervantes Saavedra: Der sinnreiche Junker Don Quijote von der Mancha, München: Artemis & Winkler [16]1988.

Johann Wolfgang von Goethe: Werke in sechs Bänden, Band 1, München: Artemis & Winkler [5]1992. Band 6, München: Artemis & Winkler [3]1992.

Joseph Freiherr von Eichendorff: Werke in fünf Bänden, Band 1, München: Winkler [2]1980.

Hafis: August von Platen: Werke, Band 1, München: Winkler 1982.

Johann Peter Hebel: Sämtliche Schriften, Band 2, Salzburg: Müller 1989.

Heinrich Heine: Werke in vier Bänden, Band 1, München: Artemis & Winkler [6]1992.

E.T.A. Hoffmann: Fantasie und Nachtstücke, München: Winkler 1978.

Jean Le Houx: Französische Dichtung, hg. v. F. Kemp und W. v. Koppenfels, Band 1, München: Beck 1990. © Friedhelm Kemp.

Erhart Kästner: Ölberge, Weinberge, Frankfurt a. M.: © Insel Verlag 1955.

Ewald Christian von Kleist: Sämtliche Werke, Stuttgart: Reclam .

Jane Kramer: Seltsame Europäer, Frankfurt a. M.: Eichborn 1993.

Gotthold Ephraim Lessing: Werke in drei Bänden, Band 1, München: Winkler [2]1974.

Georg Christoph Lichtenberg: Werke in einem Band, Hamburg: Hoffmann und Campe 1967.

Lukianus von Samosata: Sämtliche Werke, hg. v. Ch. M. Wieland, Band 4, Wien: 1813.

Thomas Mann: Bekenntnisse des Hochstaplers Felix Krull, Frankfurt a. M.: Fischer 1954.

Christoph Meckel: Souterrain, München: Hanser 1984. © Christoph Meckel.

Eduard Mörike: Sämtliche Werke in zwei Bänden, Band 1, München: Winkler [4]1979.

Friedrich Nietzsche: Werke in vier Bänden, Band 1, Salzburg: Bergland-Buch 1985.

Pablo Neruda: Elementare Oden. Neue Elementare Oden. Drittes Buch der Oden, Berlin: Volk und Welt 1955.

Edgar Allan Poe: Erzählungen, München: Artemis & Winkler [16]1992.

François Rabelais: Gargantua und Pantagruel, München: Winkler [2]1978.

Joachim Ringelnatz: Das Gesamtwerk in sieben Bänden, hg. v. W. Pape, Band 2, Berlin: Henssel 1985.

Philippe de Rothschild: Vive la vie — Château Mouton, hg. v. Joan Littlewood, München: Heyne 1984.

Paul Scheerbart: Katerpoesie, Leipzig: Rowohlt 1909.

Ignazio Silone: Brot und Wein, Köln: Kiepenheuer & Witsch 1974.

Georg Trakl: Dichtungen und Briefe, Salzburg: Müller 1967.

Anton Tschechow: Das Glück der Frauen. Kurzgeschichten und frühe Erzählungen 1883-1887. München: Winkler ²1977.

Kurt Tucholsky: Gesammelte Werke, hg. v. Mary Gerold-Tucholsky u. Fritz J. Raddatz, Band 5, Reinbek: Rowohlt 1960.

Ludwig Uhland: Werke in vier Bänden, Band 1, München: Winkler 1980.

François Villon: Klabund (Hrsg.): Die schönsten Sauf- und Trinklieder, Berlin: Reiss 1925.

(54) *Francisco de Goya*, Die Weinlese — Der Herbst, 1786/87, © Archiv für Kunst und Geschichte, Berlin.

(58/59) *David Teniers der Jüngere,* Wirtshausszene, 1670 (Ausschnitt).

(62) *Ernst Ludwig Kirchner*, Der Trinker, Gordon Nr. 428, © Dr. Wolfgang & Ingeborg Hense-Ketterer, Wichtrach/Bern.

(64) *Jan Steen*, Die fette Küche, um 1669, Sammlungen des Fürsten von Liechstein, Inv. Nr. 907 (Auschnitt).

(69) *Baldassare Franceschini*, Ein Scherz des Pfarrers Arlotto. Florenz, Galleria Pitti.

(81) *Jan van Huysi*, Obst, Stilleben, Amsterdam, Rijksmuseum.

(87) *Max Slevogt,* Die Weinlaube auf Neukastel, Archiv für Kunst und Geschichte, Berlin/ © VG Bild-Kunst, Bonn 1994.

(88) *Syrah*, © Cephas Picture Library: Mick Rock.

(91) *Jean-François Raffaeli*, Die Absinthtrinker.

(97) *Gaetano Donizetti,* Der Liebestrank.

(105) *Henri Rousseau,* Die rosa Kerze.

(109) *Caravaggio*, Bacchus, 1593/94, Galleria degli Uffizi, Florenz/Archiv für Kunst und Geschichte, Berlin.

(111) *Jan van Huijsum*, Terrakottavase (Detail).

(113) Wandmalerei aus Burgund.

(114) *Karl Hofer*, Mann und Frau, 1948.

(117) "Man muß die Feste feiern...", Plakat von C. Plusquin & Co.

(121) Vitrine einer Bar von Bordeaux. © Nick Barlow.

(125) *Vincent van Gogh*, Der rote Weinberg, Arles, November 1888, Archiv für Kunst und Geschichte, Berlin.

(127) *Pierre-Auguste Renoir*, Das Mittagessen. The Barnes Foundation Merion.

(129) Cabernet-Sauvignon Trauben in hölzernen Bütten, © Cephas Picture Library: Mick Rock.

(135) *Jan Miense Molenaer*, Das Bohnenfest, um 1637, Sammlungen des Fürsten von Liechtenstein, Inv. Nr. 447.

(138) *John Selby Bigge*, Komposition ohne Titel, 1934, Mayor Gallery London.

(141) *Lubin Baugin*, Der Waffelnachtisch. Louvres, Paris.

(147) *Edouard Manet*, Bei Vater Lathuille. Musée des Beaux-Arts, Tournai.

(153) *Frank Hülsbömer*, Weinstilleben.

(155) *Pierre-Auguste Renoir*, Ball im Moulin de la Galette, 1876.

(157) *Jean Béraud*, Im Ambassadeurs, um 1880, © VG Bild-Kunst, Bonn 1994.

(160) *Pablo Picasso*, Zwei Gaukler (Harlekin und Gefährte), 1901, © VG Bild-Kunst, Bonn 1994.

(163) *Paul Cézanne*, Die Kartenspieler, 1890/95, Musée d'Orsay, Paris.

(167) *Juan Gris*, Stilleben mit Bordeauxflaschen, München, Bayerische Staatsgemäldesammlungen, Staatsgalerie moderner Kunst. Blauel/-Gnamm-ARTOTHEK.

(171) Weinfässer, © Michael Guillard.

(173) *Richard Ziegler*, Paar am Tisch. Marvin & Janet Fishmann, Milwaukee, Wisconsin.

(175) *René Magritte*, Flasche, nächtliche Landschaft, 1962, © VG Bild-Kunst, Bonn 1994.

INHALT